Volker Wagner
Die Lust am Prozeß

Bilder von Bernd Burkhard

Nomos Verlagsgesellschaft
Baden-Baden

CIP-Kurztitelaufnahme der Deutschen Bibliothek

Wagner, Volker:
Die Lust am Prozeß / Volker Wagner. Bilder von
Bernd Burkhard. – 1. Aufl. – Baden-Baden:
Nomos Verlagsgesellschaft, 1985.
ISBN 3-7890-1184-3

1. Auflage
© 1985 Nomos Verlagsgesellschaft, Baden-Baden
Printed in Germany.
Alle Rechte, auch die des Nachdrucks
von Auszügen, der photomechanischen Wiedergabe
und der Übersetzung vorbehalten.

Inhaltsverzeichnis

	Vorwort	7
I.	Mit Fug und Recht, über Streitlust und Rechthaberei. Warum Prozesse überhaupt geführt werden.	9
II.	Aus allem etwas machen und nie etwas zugeben – Die Rechtsanwälte.	17
III.	Das Handwerk mit doppeltem Boden – Die Arbeit der Anwälte, wie sie einen Prozeß vermeiden und das Recht wahrnehmen.	31
IV.	Ein Fall für alle Fälle – Schriftsatz, Klage und die Sprache der Justiz.	49
V.	Unabhängig, unversetzbar, unbestechlich, kurzum amtsbeflissen – Die Richter.	59
VI.	Umgangsformen vor Gericht – Rechtsanwälte, Richter und Parteien miteinander, füreinander, durcheinander.	69
VII.	Wer einmal lügt – Zeugen vor Gericht. Das Plädoyer und der gerechte Schlaf der Richter.	83
VIII.	Wenn zwei sich streiten – Prozeßverschleppung und die Trägheit der Justiz.	99
IX.	So recht und schlecht – Wie das Urteil gefunden wird.	113
X.	Recht so – oder so – oder anders? – Der gewonnene und doch verlorene Prozeß. Rechtsmittelbelehrung.	123
XI.	Alles was Recht ist und wie man dazu kommt. Über die Gerechtigkeit.	135
	Zur Person des Verfassers	138

Vorwort

Am Anfang eines Buches über die Kunst der Prozeßführung muß zu meiner Schande das Geständnis stehen, bisher noch keinen Prozeß in eigenen Angelegenheiten geführt zu haben. Wenn das Unvermeidliche geschah, dann stets nur namens und im Auftrag anderer. Ich muß mir also zunächst den Vorwurf gefallen lassen, über Ereignisse zu berichten, deren Freud und Leid ich nicht als unmittelbar Betroffener erlebt habe. Nichts desto trotz war ich in der glücklichen Lage, auf meinen Zettelkasten bemerkenswerter forensischer Augenblicke zurückgreifen zu können. Dabei fiel mir schon recht frühzeitig auf, daß Prozesse führen und Bücher schreiben offenbar als unterschiedliche Erscheinungsformen gemütsverwandter Lebensumstände zu den wenigen letzten, uns noch verbliebenen Abenteuern gehören, bei denen wir Verlauf und Ausgang nicht vorhersehen können. Gerade deswegen ist es eine erfreuliche und beruhigende Begleiterscheinung des Bücherschreibens, wenn man sich der Unterstützung anderer versichern kann. Herrn Professor Dr. Meinhard Heinze danke ich für seine wohlwollende, unentbehrliche Anteilnahme, mit der er Entstehung und Reifung des Manuskriptes begleitet hat, und auf die ich im Verlauf des so ganz und gar unforensischen Prozesses des Schreibens nachhaltig vertrauen durfte. Herrn Bernd Burkhard gebührt mein Dank für sein unablässiges, ermunterndes Verständnis, das nicht zuletzt in der zeichnerischen Gestaltung des Buches einen greifbar anschaulichen Ausdruck gefunden hat. So bleibt mir am Schluß vor allem der Wunsch, der Leser möge das Buch wie seinen ersten Prozeß möglichst unbeeinträchtigt, sorglos genießen und in ungetrübter Erinnerung behalten.

Gießen, im September 1985 *Volker Wagner*

I. Mit Fug und Recht, über Streitlust und Rechthaberei. Warum Prozesse überhaupt geführt werden

Es ist unserer Zeit eine höchst anschauliche Vorstellung, daß den Menschen Schlaumeierei und juristische Finessen vertraute Gegenstände in ihrem Leben geworden sind. Sie, die es in einer verschwenderischen Zeit wie der unseren, gewöhnt sind, ständig abzuschreiben, einzuklagen, herauszuholen, abzusetzen, einzuschmuggeln, vorbeizumogeln, einzutreiben, rauszuschinden, empfinden einen gerichtlichen Rechtsstreit geradezu als festen Bestandteil ihres Alltags. In einer an allen Ecken und Enden sich ihnen verweigernden Umwelt bedeutet die gerichtliche Auseinandersetzung für jene, die Rechtsstreit suchen, die Garantie dafür, daß ihnen fremde Menschen, die darüberhinaus hochbezahlte, hochgebildete, hochangesehene Mitglieder der Gesellschaft sind, für eine kurze Zeit ihr rechtliches Gehör leihen. Diese Menschen schreiben dem Rechtsuchenden Briefe, laden ihn zu sich in ihre Dienstgebäude ein, nehmen sorgenvollen, wenn auch bezahlten Anteil an seinen privatesten und intimsten Lebensgeschicken. Nirgendwo sonst kann er derart uneingeschränkt und bedingungslos die Aufmerksamkeit anderer beanspruchen. Mit einem Male gewinnt er so einen Zuspruch, den ihm die Umwelt ansonsten nicht im entferntesten zu schenken bereit ist.

Im zähen Ringen um die Anerkennung seiner vermeintlichen Rechte sieht er sich gleichsam nebenbei auch der Verwirklichung der eigenen Persönlichkeit gegenüber. In einem Jahrhundert, das ihm den Glauben an seine Allmacht in überwältigender Weise geschenkt hat, will er nicht einsehen, daß seine Einflußnahme vor dem Gesetz Halt machen soll. Hinter alledem scheint der unerschütterliche Glaube zu stehen, man könne am Gesetz drehen und in die Rädchen der Gerechtigkeit, wenn nicht unlauter, so doch wenigstens auf eine durchtriebene und hintersinnige Weise eingreifen. Mit erheblichem Einsatz und mindestens ebensolcher Schläue versucht er immer wieder aufs Neue, das Gesetz spürbar in den Griff zu kriegen. Der Bürger der abendländischen Rechtskultur ist von einem verbissenen Prozeßkrämer zum alerten Manager seiner Rechte geworden. Die Prozeßpartei aus Gerechtigkeitsliebe ist ein juristisches Fossil, das längst einer modernen Auffassung gewichen ist. Es gehört mit zu den bemerkenswertesten Erscheinungsformen in unserem Rechtsleben, daß man die prozessuale Auseinandersetzung nicht selten mit dem Kurieren einer Krankheit vergleicht. Zu einem Prozeß begibt man sich in klinische Behandlung, um die Krankheit Prozeßursache in dem Krankenhaus-Gericht durch Ärzte und Apotheker, also Richter und Rechtsanwälte heilen zu lassen. So wie die Zahl der tatsächlichen oder vermeintlichen Krankheiten beträchtlich zugenommen hat, sucht man immer häufiger seine rechtliche Gesundung im Führen von Rechtsstreit. Die Hintergründe hierfür sind nahezu gleichgültig; selbst der geringste alltägliche Anlaß ist Grund genug, sich in Vorsorge-Behandlung zu begeben.

Wir wissen auch, wir leben in einem Land, von dem *Tucholsky* 1929 gesagt hat:

> Wenn der Deutsche grade keinen Verein gründet, umorganisiert oder auflöst, dann hat er einen Prozeß.
> Wenn der Deutsche hinfällt, steht er nicht auf, sondern sieht sich um, wer ihm schadensersatzpflichtig ist.

Es ist wohl – zugegebenermaßen – nicht ganz so schlimm, aber die Bürger dieses Landes sind einer gerichtlichen Auseinandersetzung nicht ganz abgeneigt, wie die ansteigende Prozeßflut der letzten Jahre unabweisbar belegt. Es ist kaum mehr von der Hand zu weisen, daß die Prozeßparteien im Zustand einer chronischen Rechtseuphorie – die die Erschöpfung der Gerechtigkeits-Ressourcen verständlicherweise nicht sieht – und einer unrühmlichen Zeitströmung folgend mit *Ludwig Thoma* den Traum grenzenloser Rechtsweggarantien träumen:

> Red'n derf ma bei an jed'n G'richt, und verteidigen derf ma si überall.

Von dieser Rechtssuche lassen sich die Prozeßparteien keineswegs durch vernünftige Erwägungen abhalten. Der Dichter *Wilhelm Hauff* berichtete noch sorgenvoll:

> Ich verstehe so wenig von juridischen Streitigkeiten, daß mir früher schon der Name Klage oder Prozeß Herzklopfen verursachte; man kann sich also wohl denken, wie mir bei diesen schrecklichen Worten zumute ward.

Eine solche Vorstellung ist den modernen Prozeßparteien denkbar fremd. Der Gedanke, daß sie sich in eine Gefahr begeben, die sie

womöglich nicht mehr abwenden können, ist ihnen scheinbar nicht vertraut. Gleichsam um sich forensischen Mut zuzusprechen, reden sie in kraftvollen, starken Worten davon, daß sie einen Prozeß anstrengen, den Rechtsweg beschreiten, Klage erheben.
Angesichts einer solchen Situation läge es nahe, die Ursachen hierfür in einem ursprunghaften und vitalen wirtschaftlichen Interesse an materieller Genugtuung zu suchen. Aber das Erscheinungsbild der vor unseren Gerichten ausgetragenen Rechtsstreitigkeiten belehrt uns eines anderen und besseren. Nicht nur – und niemals in erster Linie – geht es um das finanzielle und wirtschaftliche Heil der Betroffenen. Die Parteien lassen oftmals, ja sogar in der überwiegenden Zahl der Fälle, vernünftige, an Belangen der Wirtschaftlichkeit orientierte Beweggründe vollends außer Acht. Wir müssen also offenbar weit über das profane Geldinteresse hinausgehende Beweggründe für prozessuale Abenteuer anerkennen. Man ist fast versucht, sie in den kaum greifbaren und fast noch weniger verständlichen Motiven der Prozeßsucht, der Rechthaberei und der Streitlust zu vermuten. Gewiß – für den oberflächlichen Beobachter mag eine solche Motivierung nicht ganz abwegig sein, gleichwohl – vermag sie denn ernsthaft und verbindlich die Hintergründe streitiger Auseinandersetzungen aufzuklären? Bei der Suche nach der Antwort auf diese Frage gerät der Kenner juristischen Schrifttums denn auch unweigerlich an *Rudolf von Ihering's* Schrift »Der Kampf ums Recht« aus dem Jahre 1872, der wir tiefgehende Einblicke in die prozessuale Seele der Parteien und die sogenannte Prozeßfreudigkeit verdanken:

Die tägliche Erfahrung zeigt uns Prozesse, bei denen der Wert des Streitobjekts außer dem Verhältnis steht zu dem voraussichtlichen Aufwand an Mühe, Aufregung, Kosten. Niemand, dem ein Taler ins Wasser gefallen ist, wird zwei daran setzen, ihn wieder zu erlangen – für ihn ist die Frage, wieviel er daran wenden soll, ein reines Rechenexempel. Warum stellt er dasselbe Rechenexempel nicht auch bei einem Prozesse an? Man sage nicht: er rechne auf den Gewinn desselben und erwarte, daß die Kosten auf seinen Gegner fallen werden. Der Jurist weiß, daß selbst die sichere Aussicht, den Sieg teuer bezahlen zu müssen, manche Parteien vom Prozeß nicht abhält; oft muß der Rechtsbeistand, welcher der Partei das Mißliche ihrer Sache vorstellt und vom Prozeß abrät, die Antwort vernehmen: sie sei fest entschlossen, den Prozeß zu führen, er möge kosten, was er wolle.
Wie erklären wir uns eine solche, vom Standpunkt einer verständigen Interessenberechnung geradezu widersinnige Handlungsweise? Die Antwort, die man darauf gewöhnlich zu hören bekommt, ist bekannt: es ist das leidige Übel der Prozeßsucht, der Rechthaberei, die reine Lust am

Streit, der Drang, am Gegner sein Mütchen zu kühlen, selbst auf die Gewißheit hin, dies ebenso teuer, vielleicht noch teurer bezahlen zu müssen als er.

Im weiteren Verlauf erkennt *Rudolf von Ihering* im Hinblick auf die bisweilen äußerst erbittert geführten Streitigkeiten:

> Nicht das nüchterne Geldinteresse ist es, das den Verletzten antreibt, den Prozeß zu erheben, sondern der moralische Schmerz über das erlittene Unrecht; nicht darum ist es ihm zu tun, bloß das Objekt wieder zu erlangen.... sondern darum, sein gutes Recht zur Geltung zu bringen.

Damit müssen wir erkennen, daß es sich bei der – abschätzig so genannten – Prozeßsucht um ein philosophisches Problem handelt. Gesucht wird – beabsichtigt oder unbeabsichtigt, aber mit aller verfügbaren Beherztheit – das gute Recht.

Angesichts einer solchen Sachlage, deren richtige Einschätzung die in der forensischen Praxis tätigen Juristen leider nur allzu oft bestätigen können, gewinnt die Frage, wie man einen Prozeß gewinnt, eine ungeahnte Bedeutung. Rein statistisch – und vom Standpunkt der Rechtsschutzversicherungen versicherungsmathematisch – gesehen, werden wir letztlich alle eines Tages einmal mehr oder minder schwer in ein gerichtliches Verfahren verwickelt. Wir sind – geben wir es ruhig zu – in prozessualer Hinsicht völlig unerfahren, ja meistens sogar mit den falschesten Vorstellungen darüber vorbelastet. So gesehen – wäre es eigentlich vernünftig, wenn wir uns vor rechtlichen Auseinandersetzungen möglichst drücken würden. Aber wir suchen nun einmal unser gutes Recht und es ist nicht einzusehen, warum gerade wir uns zur Enthaltsamkeit nötigen sollen. Um diesem vielschichtigen und kaum überschaubaren Ereignis des ersten Prozesses nicht unvorbereitet zu begegnen, sollen hier einige Überlegungen angestellt werden, wie diese juristische Karambolage möglichst schadlos und unverletzt überstanden werden kann.

Vergessen wir immerhin nicht, daß selbst gestandene Juristen nach einem vollständig absolvierten rechtswissenschaftlichen Studium, dem ordnungsgemäß und mit Hingabe praktizierten Referardienst und zweier durchaus nicht leichter Staatsexamen kaum anstandslos in der Lage sein werden, allen Unwägbarkeiten und Zufälligkeiten eines Prozesses zu begegnen. Selbst *Balzac* konnte nur resigniert feststellen,

> .... daß nicht einmal ein Advokat im Ruhestand über die Mittel verfügt, die Ausplünderung seines Geldbeutels zu verhindern, wenn er in einen Prozeß verwickelt wird.

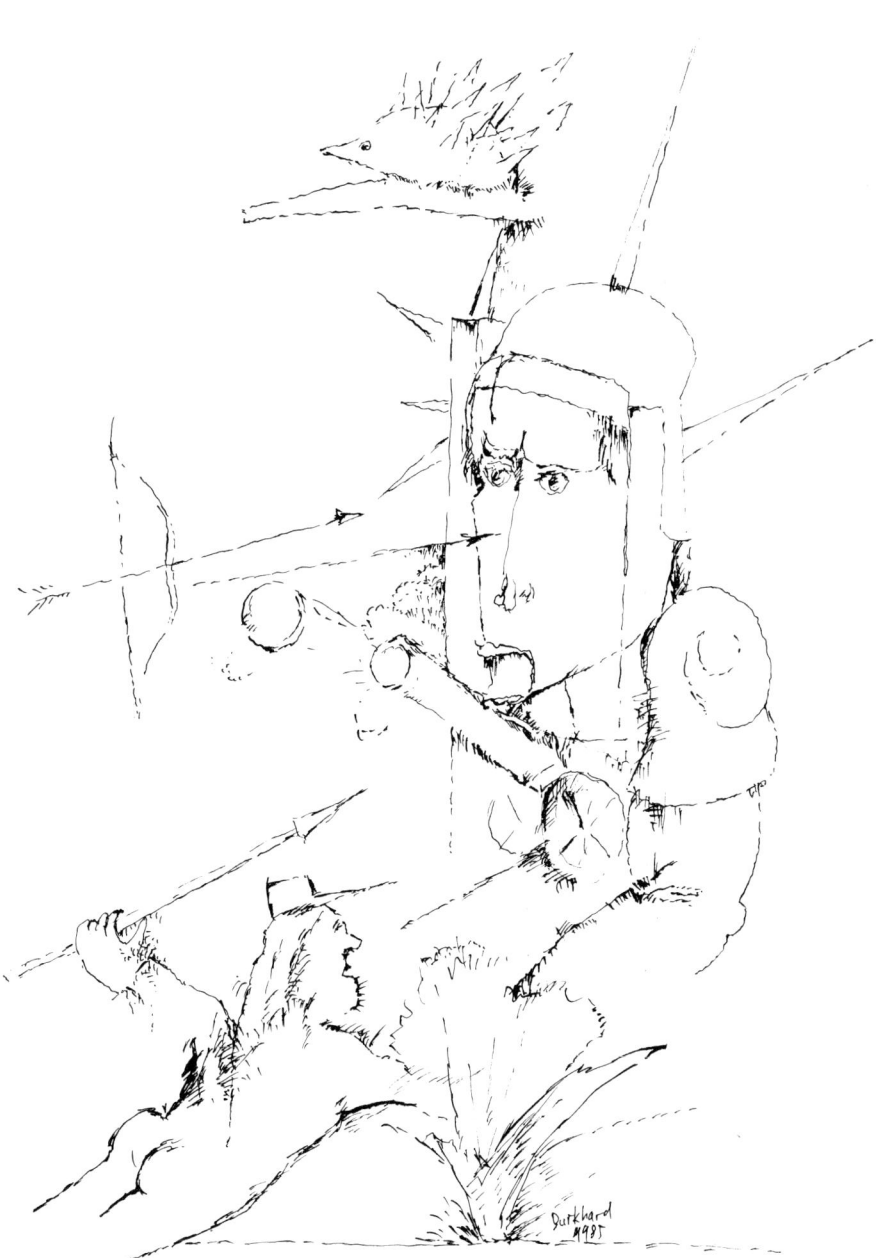

Die Pfade, die Erfolg von Mißerfolg scheiden, sind gerade im Bereich der Rechtsverfolgung irreführend und schwer begehbar. Nicht zuletzt aus diesem Grund wenden sich die folgenden Seiten über den Juristen hinaus an den verständigen Rechtslaien. Denn, man mag sich in Details streiten, eines ist jedoch gewiß: Der belesene und mithin die Gepflogenheiten der Justiz von innen her kennende hat allemal die passenderen Schlüssel für die Öffnung des Tores zum guten Recht. Auch weil wir wissen, daß unsere persönlichen Überzeugungen noch lange keine verbindlichen Rechtsgründe darstellen, sind wir bereit, die Windungen und Verstrebungen der Justiz kennen zu lernen. Zum Prozeßsieg genügt eben nicht das unerschrockene Bewußtsein des Müllers von Sanssouci – »Wenn das Kammergericht in Berlin nicht wäre!« –, hinzu kommen muß die richtige Art und Weise des Umgangs mit der Justiz. Der Dichter *Jean Paul* unterstreicht diese Notwendigkeit auf eine eindringliche Weise:

> Freilich muß man bei den Fragen, die man an die juristischen Orakel tut, die Zeremonie beachten, womit man sonst andere den heidnischen vorlegte: man muß fasten und sich kasteien. Ich hoffe den Staat-Schalken oder vielmehr den Pürschmeistern mit dem Waidmesser oder Knebelspieß des Themisschwertes schon durch das Jagdzeug der Prozeßordnung und durch die Jagdtücher und Prell- und Spiegelgarne der Akten durchzuwischen, nicht sowohl durch meinen wie ein Fühlfaden dünngezogenen Geldbeutel, den ich etwa wie einen ledernen Zopf durch alle enge Maschen der Justiz-Garnwand zöge.....

Ein Prozeß will eben nicht nur ertragen, erduldet und hingenommen werden, sondern muß – im Gegenteil – buchstäblich und im wortwörtlichsten Sinne überhaupt geführt werden.
Glücklicherweise verfügen wir – dank der Erkenntnis kluger Betrachter der Juristenszene – über reichhaltige Einsichten und Belehrungen, was das Führen von Prozessen und den Umgang mit Juristen anbelangt. Die Literatur kennt zahlreiche Überlegungen mit aufklärenden, gutgemeinten Ratschlägen zur Verteidigung in Rechtsdingen und verläßliche Regeln für eine kluge Prozeßführung. Zu Recht urteilte *Heinrich Christian Freiherr von Senckenberg* 1764 über die Anforderungen an das Wissen der Juristen[1]:

---

1 Zit. in: NJW 1959, 423.

Die Poesie ist so nötig nicht, doch auch keineswegs zu verachten. Dem ungeachtet kann man aus denen Poeten lernen, ohne selbsten ein Poet zu seyn.

Rechtsanwälte und Richter, Zeugen und Schriftsätze, Plädoyers und Urteile, gewonnene und verlorene Prozesse, Rechtsmittel und Gerechtigkeit sind daher die Probleme, denen wir uns unter Zuhilfenahme literarischer Belegstellen mit nachsichtigem Ernst, aber auch in gelassener Heiterkeit auf den folgenden Seiten widmen wollen.

II. Aus allem etwas machen und nie etwas zugeben – Die Rechtsanwälte

Wann immer wir in einen Rechtsstreit verwickelt werden, können wir uns – wie in so vielen anderen Dingen des täglichen Lebens auch – der verläßlichen Mithilfe anderer, uns wohlgesonnener Mitmenschen versichern. Gleichwohl haben wir bereits dort in geschickter und umsichtiger Weise vorzugehen und sollten – ähnlich wie *Georg Christoph Lichtenberg* – keinen anderen als »einen juristisch vorsichtigen Fuchs von großer Praxi« für unser Vorhaben auswählen. Unser Ruf nach tätiger Mithilfe wird mit Sicherheit nicht überhört werden und ihm haftet weder etwas Ehrenrühriges noch Unbesonnenes an. Nicht immer wird es uns in Rechtsdingen leicht gemacht und in der Mehrzahl der Fälle sind wir auf die tätige Mithilfe und Unterstützung von Juristen angewiesen. Wir sollten uns daher für Sachverständige auf dem Gebiet rechtlicher Dinge entscheiden und unter allen Umständen einen rechtskundigen Anwalt aufsuchen. Er allein vermag unser Schiffchen durch die wilden Wogen der Unwägbarkeiten und Überraschungen eines Rechtsstreits zu steuern. Wir denken auch daran, daß in früheren Zeiten die Menschen von Advokaten stets sehr abhängig waren und selbst kleinere Geschäfte nur mit einem Empfehlungsschreiben ihres Anwalt tätigten. Wenn demgemäß die Frage, mit wem wir es in der Person der Anwälte zu tun haben, gestellt wird, so halten wir uns an die zeitgemäße Darstellung des *Honoré de Balzac* in seinem »Gesetzbuch für anständige Menschen«:

> Was waren ehedem ein Anwalt und ein Rechtsberater? Die zwei langweiligsten, unansehnlichsten Erscheinungen der Welt. Der Anwalt ging immer schwarz gekleidet, trug auf dem Kopf eine große Perücke und sprach in barbarischen Ausdrücken nur von den Angelegenheiten anderer. Stets hinter einem Wust von Papieren verborgen, durchwühlten die Anwälte Urkunden, bedeckten sich hierbei mit einer dicken Staubschicht und nahmen sich oftmals die Sache eines Mandanten so sehr zu Herzen, daß sie sich schließlich für ihn zu Tode arbeiteten; hingegen verkehrten sie niemals in der Gesellschaft und stets nur in ihren eigenen Kreisen. Einen verschwenderischen Advokat hätte man als Ungeheuer angesehen, und hätte er sich – besonders kühn – in einer Sänfte zum Gerichtsgebäude tragen lassen, man hätte es ihm untersagt. Nachdem sie schließlich an die fünfzig Jahre in der »Tretmühle« der alltäglichen Praxis zugebracht hatten, zog es sie auf ein Landgut: Dort war ihr einziges Vergnügen, große

Schwärme von Raben im Vorbeifliegen zu beobachten und hierbei an die ehrenwerte Bruderschaft der Anwälte und die großen Tage der Gerichtsversammlungen erinnert zu werden. Letztlich respektierte man sie gerade noch als harmlose Narren. In wahrem Gegensatz hierzu ist ein heutiger Advokat ein liebenswürdiger, gutgelaunter, geistvoller, nach der neuesten Mode gekleideter junger Mann, der Bälle, Feste, Konzerte besucht. Alles, was nicht elegant genug ist, verachtet er; sein Arbeitszimmer ist ein Boudoir, die Bibliothek hat er im Kopf und über die ernsthaftesten Dinge scherzt er nur: »Wir werden ihn verklagen, wir werden ihn enteignen« – dies alles wird mit der Ernsthaftigkeit eines Komödianten gesagt.

Ungeachtet dieser etwas einseitigen Darstellung, stellt sich die Frage, ob wir nicht von erheblichen und begründeten Bedenken aus Volksmund und Literatur zurückgehalten werden, uns vorbehaltlos in das Vertrauen eines Anwalts – der noch dazu Jurist ist – zu begeben. Zu eindringlich und mahnend sind die Quellen, die vor einem solchen Schritt und dem Umgang mit Juristen warnen. Stets hing den Anwälten der Ruch von spitzfindigen, durchtriebenen, geldgierigen, rücksichtslosen Zeitgenossen nach, man ging zu allen Zeiten hart mit ihnen ins Gericht, mißtraute ihnen und schien ihnen alle Laster dieser Welt anhängen zu wollen. Infolge einer oberflächlichen Gewohnheit erzählte man sich gerne Geschichten, in denen Anwälte mit dem Teufel unter einer Decke steckten, nichts taugten und folglich dem Spott preisgegeben sein mußten:

Ein reisender Anwalt befand sich gerade auf dem Nachhauseweg, als sich der Teufel zu ihm gesellte. Nach einer Weile kam ein Bäuerlein des Wegs, dessen Schwein nicht fortwollte, daher er es zum Teufel wünschte. »Hol' es!«, sagte der Advokat zu dem Teufel. Der entgegnete: »Es ist sein Ernst nicht.« Wenig später begegnete ihnen ein Mann, der seine Frau ebenfalls zum Teufel wünschte. Wiederum entgegnete der Teufel auf den Einwurf des Advokaten: »Es ist sein Ernst nicht.« Endlich gelangten sie in des Advokaten Heimatdorf und beim Heimgekehrten riefen alle Bewohner: »Hol' der Teufel den Kerl!« Da packte der Teufel den armen Advokaten, rief: »Ah, denen geht's von Herzen!« und flog mit ihm durch die Lüfte.

Andererseits dürfen wir jedoch nicht verkennen, daß sich mindestens ebenso gewichtige Auffassungen finden, die die Existenz der Anwälte – anders als die Anekdote mit dem Teufel – in lobenden Worten schildern. *Johann Wolfgang Goethe*[2], selber nicht ganz überzeugter Jurist, hatte für den Anwaltsstand gewiß löblichere Worte übrig:

---

2 Zum Juristen *Goethe* vgl. JW 1932, Heft 12 (*Goethe*-Sonderheft).

> Ein durchgreifender Advokat in einer gerechten Sache, ein durchdringender Mathematiker vor dem Sternenhimmel, erscheinen beide gleich gottähnlich.

Gleichwohl veranlassen uns diese schillernden Meinungen, den Anwaltsstand genauer zu betrachten. Sie sind jedenfalls Grund genug, sich einmal mit der Herkunft dieser schwarzberockten Gelehrtenzunft zu beschäftigen. Zunächst absolvieren sie ein Studium mit dem Zweck, die zur Ausübung des Berufes notwendige Rechtsgelehrsamkeit zu erwerben. Dabei ist dieses Studium der Jurisprudenz gewiß nicht ungefährlich, denn – so meinte *Lichtenberg* – es »zerrüttet die Erlernung desselben einen gesunden Kopf gar gewaltig«. Danach allerdings kommt es zu einem entscheidenden Vorfall im Leben des angehenden Juristen. Wenn er sämtliche Mühen des Lernens hinter sich gelassen hat, wird er mit einem Ereignis konfrontiert, das der Dichter *Friedrich Hebbel*[3] in einer Tagebucheintragung 1836 so beschrieb:

> Heute nachmittag habe ich zum ersten Mal einer privilegierten Hetzjagd, wo in der Regel alles, nur der Verstand nicht, aufgejagt wird, beigewohnt, nämlich einem juristischen Examen.

In diesen Examina werden unauslöschliche Weichen gestellt, nicht immer dienen sie dazu, die findigsten und fähigsten der Juristenköpfe herauszufinden. Eine gehörige Portion Glück gehört jedenfalls dazu. *Friedrich Ehrenreich Behmer*, zur Zeit Friedrichs des Großen Präsident des Prüfungsausschusses für das Assessor-Examen, hat die leidigen Schwierigkeiten, die mit einem juristischen Examen sowohl für die Kandidaten als auch für die Prüfer einhergehen[4], beschrieben:

> ....so ist es eben nicht schwer, daß ein Examinant sich auf die von ihm vorzulegenden Fragen, so lange es ihm beliebt, vorbereitet, die verwickeltsten Fälle zuvor aussucht und durchstudiert, gleichwohl verlangt, daß der ohne alle Vorbereitung dazu seyende examinandus ebenso pünktlich richtig alle und jede specialissima beantworten und resolviren solle, als

---

3 Zum Juristen *Hebbel* vgl. DRiZ 1972, 242.
4 Über juristische Prüfungen vgl. JZ 1960, 184.

der Examinant vorhero mit aller Muße bey sich beschlossen und festgesetzt.... Nicht zu gedenken, daß dergleichen grave solemne Handlung an sich fähig ist manchem soliden, aber blöden, bescheidenen Subjecto die tramontane verlieren zu machen, derweilen manches freches aber weniger bewandertes Subjectum das Glück hat, durchzukommen......

Wieder sind wir konfrontiert mit der schmerzlichen Auffassung, die in den berufstätigen Juristen nurmehr Spitzbuben und ausgekochte Füchse zu erblicken vermag. Nicht einmal fachliches Können wird ihnen nachgesagt, sondern lediglich die Attribute der Spitzfindigkeit und Durchtriebenheit, meist als Ergebnis eines geschickten Durchlavierens bei den Prüfungen, gepaart mit einem unverfrorenen Auftreten. Die Folgen solcher Unausgewogenheit zeichnen sich in aller Deutlichkeit ab: Das Nebeneinander von Glück und Zufall, Wissen und Pech bringt einen Juristenstand hervor, von dem der Theologe *Erasmus von Rotterdam* in seiner Satire »Lob der Narrheit« im Jahre 1511 sagte:

> Unter den Gelehrten begehren die Rechtsgelehrten den ersten Rang und keine sind eingebildeter als diese. All ihr Streben und Tun gleicht dem Steinwälzen des Sisyphus; in einem Atem schmieren sie eine Menge Gesetze zusammen, ohne sich weiter darum zu kümmern, ob sie zu irgendetwas taugen, häufen Glossen auf Glossen und Meinungen auf Meinungen und machen dadurch, daß ihre Wissenschaft die schwerste von allen zu sein scheint.

Seien wir ehrlich, hinter dieser Kritik verbirgt sich nicht gerade die Hochachtung vor der Wissenschaft der Jurisprudenz. Es ist deshalb nur tröstlich, daß von den Anwälten die Beherrschung der juristischen Wissenschaft am wenigsten verlangt wird. Sie sollten über ganz andere Fähigkeiten verfügen, die wir beispielhaft aus der folgenden Anekdote entnehmen können:

> Als der alte Geheimrat *Goethe* Gast einer Gesellschaft war, wurde ihm auch ein Rechtsanwalt vorgestellt, den er mit den Worten: »Sie sind ein Advokat, daß heißt, ein Mann, der aus allem etwas zu machen versteht«, begrüßte. Der Anwalt – beim Anblick des großen gelehrten Mannes verwirrt – wollte einwenden: »Verzeihung, Euer Exzellenz...«, weiter kam er allerdings nicht, denn *Goethe* fiel ihm ins Wort: »Recht so, recht so, ein Advokat darf niemals etwas zugeben.«

Richtig – ein Advokat muß es verstehen, aus allem etwas zu machen und darf niemals etwas zugeben. Diese Grundlinie zieht sich durch alle Anforderungen, die an tüchtige Anwälte gestellt werden. Er soll ein wendiger, allen Überraschungen gewachsener Verfechter unserer Interessen sein und aufgrund einer umfassenden, tiefschürfenden Allgemein- und Rechtsbildung unserem Gegner juristisches Paroli bieten. Dabei soll er ganz und gar nicht engstirniger Paragraphenwühler und Bücherwurm sein, sondern ein gebildeter und aufgeweckter Zeitgenosse, wie ihn bereits *Martin Luther*[5] zu schätzen wußte:

> Ein Jurist ist nicht mehr als ein Schneider oder Schuster, wenn er nicht mehr weiß als die juristischen Termini und die Worte des Rechts, ist er ein pur lauterer Narr.

Ihr Wissen darf sich also nicht in der Kenntnis allgemeiner Rechtstheorien erschöpfen, da die alleinige Beherrschung der Rechtsdogmen in der anwaltlichen Berufsausübung nur bedingten Tauschwert besitzt. Insoweit dürfte auch die Auffassung *Lichtenbergs*[6]:

> Wer nichts als Recht versteht, versteht auch das nicht recht,

zutreffend sein. In richtiger Weise hat er auch erkannt, daß das Fundament der juristischen Bildung nicht durch die alleinige und sture Konzentration auf Bücherwissen gelegt wird. Über diese bücherlastige Monogamie machte sich *Sebastian Brant,* Stadtsyndikus von Straßburg, 1494 in seinem »Narrenschiff« lustig. Der Gelehrte führte hier den Chor der Narren an:

> Den vordantz hat man mir gelan
> dann ich on nutz vil bücher han
> die ich nit ließ und nit verstan

Der Besitz zahlreicher Bücher ist keineswegs ein Zeichen großer Gelehrsamkeit. Hinzukommt, daß der Nutzwert juristischer Literatur noch nicht einmal bewiesen ist. Es mag dahinstehen, wieviel juristisches Bücherwissen unser Anwalt hat. Wenn wir in den Räumlichkeiten der Anwälte aber manche umfangreiche Bibliothek erblicken, so können wir nur ahnen, wie sie zustande gekommen ist. *Ludwig Thoma* läßt einen Handelsvertreter zu einem jungen, gerade erst zugelassenen Rechtsanwalt folgendes, nur inhaltlich wiedergegebenes, sagen:

---

5 Über *Luthers* Ansichten zu den Juristen: NJW 1983, 2557; JZ 1984, 1049; DRiZ 1967, 53.
6 Zu *Lichtenberg* s. MDR 1976, 995.

> Das was Sie haben müssen sind Bücher. Es ist schon wegen den Klienten. Wenn einer hereinkommt, muß es aussehen wie in einer alten Kanzlei. An der Wand dort drüben müssen Bücher stehen und hier drinnen muß eine Stellage mit Papier und Aktendeckeln liegen. Die Wand dort drüben muß ganz zugedeckt sein mit Büchern. Erstens brauchen Sie wirklich juristische Bücher, zweitens brauchen Sie Entscheidungen, drittens, da gibt es solche Amtsblätter und Verordnungsblätter, die keinen Wert mehr haben, aber die hübsch groß sind, in blaue Pappdeckel eingebunden, die machen einen rechten Krawall, die nehmen sich großartig aus in der Kanzlei. Die kriegen Sie von uns, achtzig Bände für zwölf Mark.

Der Wert juristischen Schrifttums als dekorativer Hintergrund, vor dem sich die Fähigkeiten des Anwalts entfalten, muß allerdings mit Vorsicht und besonderen Bedenken beobachtet werden. Gar manches Mal ist der uns gegenübersitzende Anwalt nur ein Spiegelbild der ihm zur Verfügung stehenden Literatur. Diese Literatur sollten wir nicht gerade übermäßig bewerten, wie wir aus der folgenden Geschichte ersehen:

> Da es an ausreichendem Raum in der königlichen Bibliothek fehlte, wollte der Alte Fritz einmal, daß man die theologischen und juristischen Bücher und Schriften verbrenne. Schließlich besann er sich aber und meinte: »Nein, es müssen auch Denkmale des menschlichen Unsinns bleiben.«

Die lediglich Bücherkenntnis beweist in der praktischen Umsetzung ohnehin nur ihre Nutz- und Wertlosigkeit. Im übrigen dürfte für Richter und Rechtsanwälte gleichermaßen gelten, was *Goethe* über die sogenannte Büchergelehrsamkeit zu sagen hatte:

> Wenn man alle ergangenen Gesetze nur lesen wollte, so hätte man gar keine Zeit sie zu übertreten.

Insbesondere hätten Anwälte dann keine Zeit mehr, an der Ausbildung und Verfeinerung ihrer übrigen, so notwendigen Fähigkeiten zu arbeiten. Bei unserem weiteren Vorgehen richten wir folglich das Augenmerk auf die fachlichen und rechtlichen Fähigkeiten des Anwalts und meinen damit nicht zuletzt auch seine forensische Erfahrenheit. Im Hinblick darauf konnte *Rudolf von Ihering* noch von einer unbedenklich ruhigen Zeit berichten, sonst hätte er kaum bemerkt:

> Direkt von der Universität zog man damals in seine Vaterstadt, kaufte sich einen schwarzen Hut, die Gesetzessammlung und Aktenpapier – und

der praktische Jurist, wenigstens wenn er sich beschied Advokat zu werden, war fertig.

Wir hingegen melden berechtigte Bedenken hinsichtlich einer solchen Vorgehensweise an und fragen, ob wir unsere Rechtsdinge vertrauensvoll in die Hände eines jungen und frischen Berufsanfängers legen sollten. Dabei sind wir vernünftigerweise weit entfernt von jener philanthropischen Einstellung, die den jungen Berufsanfängern auf die Beine helfen will. Die Begebenheit, die *Ludwig Thoma* mitteilt, kann für unsere Suche nach dem guten Recht keine Verbindlichkeit beanspruchen:

> In den siebziger Jahren spielten zwei gutsituierte Bürger, der Mittermüller und der Untermüller, regelmäßig Tarock mit einem jungen Advokaten. Sie fühlten sich verpflichtet, für den Mann ein übriges zu tun, und fingen in Frieden und Eintracht miteinander einen Prozeß über Wasserrechte an.

Nicht immer kann der Berufsanfänger mit solch wohltätigen Regungen seiner Mitmenschen rechnen und er muß härtere Bandagen im täglichen Erwerbskampf entwickeln. Die meisten der Anwälte werden dies auf eine möglichst unterschwellige und unbeachtete Art tun, sehr zur Überraschung ihrer Mandanten, die ein derartiges Spiel nicht gewöhnt sind. Angesichts der engen Verquickung der Prozeßführung mit kostenrechtlichen Fragen – wie das meiste in unserer Welt ruht auch die Leidenschaft der Prozeßführung auf materiellen Säulen – vermag sich der Anwalt der Suche nach dem guten Recht nicht zu entziehen. In der Tat ist die wirtschaftliche Seite der juristischen Tätigkeit nicht ganz unbedeutend für die Ausübung des Anwaltsberufes. Denn der Anwalt hat entweder nichts zum Leben oder nichts vom Leben. Auf diese kurze Formel bringen die Betroffenen oft den Sinngehalt ihrer Tätigkeit. Ein natürlich entwickeltes Gewinnstreben ist somit notgedrungen mit dem anwaltlichen Dasein verbunden. Die folgende Würdigung *Balzacs* dürfte demnach im großen und ganzen zutreffend sein:

> Von allen Waren dieser profanen Welt ist die Gerechtigkeit unbestritten die teuerste....und es ist sicher, daß man mit dem Betreten einer Anwaltskanzlei sein Vermögen buchstäblich an den Rand eines Abgrunds legt.

Nicht zuletzt auf der Grundlage derartiger Befürchtungen warnte man stets vor der Geldgier der Advokaten, deren Fähigkeit, in Prozesse zu verstricken und ihre Mandanten in üble Rechtsstreitigkeiten zu verwickeln, alles zu ihrem eigenen, egoistischen Nutzen. Dankbar nehmen wir den Rat des *Adolf Freiherr von Knigge,* dem wir in so vielerlei Hinsicht Erleichterungen im täglichen Umgang verdanken, an, wenn er 1788 über das Problem der Prozeßführung schreibt:

> Hat uns aber der böse Feind zu einem Prozesse verholfen, so suche man sich einen redlichen, uneigennützigen, geschickten Advokaten – man wird oft ein wenig lange suchen müssen – und bemühe sich mit ihm also einig zu werden, daß man ihm außer seinen Gebühren noch reichere Bezahlung verspreche – nach Verhältnis der Kürze der Zeit, binnen welcher er die Sache zu Ende bringen wird. Man mache sich gefaßt, nie wieder in den Besitz seiner Güter zu kommen, wenn diese einmal in Advokaten- und Kuratorenhände geraten sind.....

Die Erwartung, man werde aus einem Rechtsstreit finanziell unbeeinträchtigt hervorgehen, wäre auch zu vermessen. Wie an alle großen Ereignisse werden wir auch an diesen Vorgang spürbare Erinnerungen behalten. Das harte Urteil des Regierungsrats *Friedrich von Logau,* der Mitte des 17. Jahrhunderts dichtete:

Juristen, Ärzte, Prediger
sind alle drei beflissen,
die Leute zu purgieren
an Säckel, Leib, Gewissen

ist daher nur bei oberflächlicher Betrachtung und nicht im Kern richtig. Es wäre fehl am Platz, wollte man in einer allseits materiell orientierten Welt die Rechtspflege zum geistigen, seelischen und finanziellen Nulltarif. Gleichwohl darf auch die prozessuale Betätigung nicht zu einer unerschwinglichen Luxusaufwendung werden. Einverstanden, hören wir unseren Anwalt sagen, einverstanden ist er jedoch nur mit einem Einwand: Die Honorarzahlung hat sich nicht nur an der Bedeutung der Rechtssache, sondern auch an seinem Lebensstandard zu orientieren. Der Anwalt ist daher gut beraten, wenn er die gewöhnlichen Fragen der Daseinsvorsorge nie ganz aus den Augen verliert. Erst ein äußerlich reich ausgestatteter und über die reine Kargheit hinausgehender Lebensstil kann ihm die zur Ausübung seiner verantwortungsvollen Tätigkeit notwendige Ausgeglichenheit und Entspannung vermitteln. So wird der behutsame, seinen Beruf verständig ausübende Anwalt, auch und gerade darauf bedacht sein, Familie und nahe Verwandte an seinen Rechtstriumphen angemessen teilhaben zu lassen. Dieser nicht zu unterschätzende Aspekt wurde von dem Schriftsteller *Jean Paul* in seinem Roman über den Armenadvokaten Siebenkäs geschildert:

> Siebenkäs lebte als sein eigner Armenadvokat freilich der gewissen Hoffnung, daß das gelobte Land der Erbschaft, worin Milch und Honig über seinen Goldsand fließen, von seinen Kindern werde erobert werden, wenn er in der juristischen Wüste auf dem Wege dahin längst verstorben sei; denn die Justiz belohnt gern die Tugend und das Recht der Väter an Kindern und Kindeskindern....

Diese daseinssichernde Aufgabe der juristischen Berufsausübung wird insbesondere von jüngeren, am Anfang der verheißungsvollen Gerechtigkeitskarriere stehenden Anwälten leicht verkannt. Dann vergessen sie im Eifer ihres verständlichen und nur zu erklärlichen Anfängerdranges, die Sorge um den eigenen beschaulichen Lebensabend. Die Tragweite dieser Verkennung wird in einer Geschichte illustriert, die *Philander* in »Der kurzweilige Zeitverkürzer«, 1702, mitteilt:

> In einer mittelgroßen Stadt war ein Advokat Vertreter in einer Streitsache, die einen kaum nennenswerten Betrag von weniger als zehn Talern zum Gegenstand hatte. Schon jahrelang wurde dieser Prozeß von ihm eindringlich und findig geführt, seine begüterten Mandanten hatten ihm in dieser Zeit außer reichlicher Bezahlung auch manches kleine Geschenk zukommen lassen. Besagter Anwalt hatte nun einen vielversprechend eifrigen Sohn, der auf der Universität die Rechte studiert hatte und nun nach glänzend bestandenem Examen in seine Heimatstadt zurückkehrte. Um dem Sohn einen guten Beginn seiner Anwaltstätigkeit zu ermöglichen, übergab ihm der fürsorgende Vater eine Reihe der eigenen Prozesse und Rechtshändel, unter anderem auch den bislang so erträglich gewesenen Rechtsstreit. Der Sohn, gleichsam die Verkörperung von Gewissenhaftigkeit und juristischer Akribie, erkannte nach dem Studium der Akten die fast schon lächerlich zu nennende rechtliche Einfachheit der Sache und mit Bravour brachte er sie in nur einem einzigen Verhandlungstermin zu einem für ihn wie seine Mandanten höchst erfolgreichen Abschluß. Freudig begab er sich nach Hause in die Kanzlei des Vaters und überbrachte ihm die Botschaft seines Prozeßsieges. Wider Erwarten nahm dieser die Mitteilung nur in unverständlicher Zurückhaltung auf. Am Abend, als sich die Familie zum gemeinsamen Abendessen einfand, erblickte der Sohn auf dem Tisch nur leere Schüsseln und Teller. Auf die Frage, wie dies zu verstehen sei, erwiderte der Vater: »Dies, mein lieber Sohn, ist ein augenfälliger Hinweis auf Deine Zukunft, wenn Du so wie heute weiter in den Rechtsdingen Deiner Mandanten verfährst. Den Prozeß, den Du heute so bravourös und überzeugend zu Ende gebracht hast, hat mir immerhin über all die Jahre die Wohltat eines reich gedeckten Tisches erhalten und hätte dies wohl auch noch einige Jahre fertigge-

bracht. Du aber hast diese Hoffnung mit Deinem umständlichen Rechtsverstande zunichte gemacht und Dich einer sicheren Einnahmequelle für die Zukunft beraubt. Willst Du aber so fortfahren, so wirst Du Dich bald nach einer neuen Beschäftigung umsehen müssen.«

Schlagartig ist wohl diesem jungen aufstrebenden Juristentalent das Auge für die wirtschaftlichen Hintergründe der Rechtssuche aufgegangen. Selbst der beste Prozeß taugt nichts, wenn er nicht in seine richtige Länge gezogen wird, denn auch der gerechteste Streit wird sich für den Anwalt erst ab einem bestimmten Zeitpunkt lohnen. Entsprechend gilt für den Mandanten, daß der Prozeß zwar recht, im Hinblick auf den Anwalt aber auch nicht gerade billig werden wird. Mancher Anwalt wird diese Auffassung nicht teilen wollen, zumal er selbst den Vorteil hat, daß er niemals einen Anwalt braucht. So wird er sein Augenmerk vorzugsweise der Ausübung der Gerechtigkeit widmen und sich in diesem Kampf bewähren wollen. Er wird zwar auch stets darauf bedacht sein, bestimmte Honorarsätze nicht zu unterschreiten, nichts desto trotz findet er die eigentliche Befriedigung seiner beruflichen Tätigkeit in der hingebungsvollen Arbeit für die Mandanten. Gleichermaßen mahnen ihn das Gesetz und die standesrechtlichen Vorschriften, daß er kein alltägliches Gewerbe, sondern eine höheren Idealen verpflichtete, den Kontoren entwachsene Mission ausübt. Jeder Anwalt wird sich daher glücklich schätzen, wenn über ihn – wie über den Kirchenrechtslehrer *Ivo* 1116 – gesagt wird:

Er war Anwalt, aber kein Dieb.

Zusammenfassend können wir also feststellen: Der Anwalt für unseren Prozeß muß ein allen Situationen gewachsener Rechtsgelehrter sein, der nicht nur über trockene Bücherkenntnis, sondern auch über ein Gefühl für die Widrigkeiten der Rechtswelt verfügt. Wir wissen auch, daß viele Anwälte mit einem Auge auf ein unverdientes Honorar schielen, konnten aber diese Bedenken nahezu ausräumen. Zugegeben – weggewischt sind zwar nicht alle Einwände, aber wir haben auch erkannt, daß sich die Kritik vornehmlich gegen die von sich selbst überzeugten, aber unfähigen Juristen richtet, auf die unsere Wahl sowieso nicht fallen wird. Soweit aber die Durchtriebenheit der Anwälte, die Fähigkeit, Argumente auf ihre Seite zu ziehen und somit einen erfolgreichen Prozeßausgang herbeizuführen, Gegenstand der Kritik sind, gehen wir beruhigt und gelassen zu einem uns genehmen Anwalt, denn diese Eigenschaften sind für unser Vorhaben nur willkommen.

III. Das Handwerk mit doppeltem Boden
– Die Arbeit der Anwälte, wie sie einen Prozeß vermeiden und das Recht wahrnehmen

Ein guter Rechtsanwalt ist zur Durchführung von Rechtsstreitigkeiten ebenso unentbehrlich wie schwer zu finden. Mit diesem Gefühl setzen wir zum ersten Mal unseren Fuß in das Büro eines Anwalts und sind – trotz allem – guter Dinge. Aber schon jetzt können wir eine Zwischenbilanz ziehen: Es ist durchaus nicht einfach prozeßstrategisch klug zu handeln und stets die erforderlichen Maßnahmen richtig zu ergreifen. Gleichwohl ist unsere prozessuale Zuversicht ungebrochen. Nun ist der Anwalt nicht stets auf dem Höhepunkt seiner eigenen Prozeßfreudigkeit und so kann es passieren, daß wir einmal scheinbar arrogant und unnachgiebig von ihm empfangen werden. *Theodor Storm,*[7] selbst Anwalt und einer der ersten Amtsrichter in Deutschland, schrieb sich einmal die Bürde des anwaltlichen Daseins im Hinblick auf die Mandanten von der Seele:

> Am Weihnachtssonntag kam er zu mir
> in Jack' und Schurzfell und roch nach Bier
> Und sprach zwei Stunden zu meiner Qual
> von Zinsen und vom Kapital;
> ein Kerl, vor dem mich Gott bewahr'!
> Hat keinen Festtag im ganzen Jahr.

Wir erkennen, hinter diesem Seufzer steckt allenthalben nur die Ansammlung schlechter Erfahrungen, und es ist in informierten Kreisen mehr als bekannt, daß solche Ansichten inmitten der Anwaltschaft die absoluten Ausnahmen darstellen. Die Mehrzahl der Anwälte ist zur nahezu vollständigen Aufopferung gegenüber ihren Klienten bereit. Seite an Seite mit ihnen – im besten Sinne einer Zweierbeziehung – sind sie erst zum Kampf um das gute Recht bereit. Ähnlich verfährt auch der von *Ludwig Thoma* geschilderte Anwalt Isak Tulpenstock, als der Ökonom Mathias Salvermoser seinen Rat in Anspruch nehmen will:

---

7 Zu *Theodor Storm* s. DRiZ 1952, 69; 1967, 410.

Tulpenstock bedachte, daß ein unangenehmer Klient besser ist wie keiner.... Tulpenstock war sehr peinlich berührt. Da er jedoch dem Volke, welches Rechtshilfe sucht, im allgemeinen geneigt war und sich nur ungern dazu verstand seinen Schutz zu verweigern, beschloß er, den Ökonomen zwar anzuhören, aber möglichst schnell abzufertigen.

Die rührende Aufopferung und die Hingabe für den Klienten findet hier einen sinnfälligen Ausdruck. Jedenfalls haben wir unnachgiebige Anwälte nicht zu fürchten, sie verbergen lediglich ihre Zuneigung zu den Mandanten auf eine zurückhaltende Art. Wenn wir nun unseren Rechtsfall dem Anwalt berichten, kann es zu folgendem Dialog kommen:

Rechtsanwalt: Wenn Sie meine ehrliche Meinung hören wollen... –
Wir müssen darauf sofort entgegnen: Ich will nicht Ihre ehrliche Meinung hören, sondern Ihren juristischen Rat.

Wir werden dann den Rechtsfall weiter mit dem Vorsatz einer hübsch geordneten Darstellung vortragen, erleiden jedoch wiederum eine Enttäuschung, denn der Anwalt sagt zu uns:

Ich bitte Sie, mir den Verlauf der Geschehnisse genau der Reihe nach zu schildern. Für das Gericht bringe ich sie dann schon wieder durcheinander.

Wir begegnen dieser fremdartigen Arbeitsweise mit völligem Unverständnis und durchschauen die Mechanik des forensischen perpetuum mobile nur unzulänglich. Es ist besser von hier ab an die Umwertung aller Werte und die Umkehrung jeder Logik zu glauben, wie uns das folgende Beispiel anwaltlicher Arbeitsweise von *Jonathan Swift* eindrücklich lehrt:

Wenn es zum Beispiel meinen Nachbarn nach meiner Kuh gelüstet, so mietet er einen Gesetz- oder Rechtsgelehrten, um zu beweisen, daß meine Kuh ihm gebühre. Ich bin dadurch genötigt, einen anderen zu bezahlen, um mein Recht zu verteidigen, denn es ist gegen alle Regeln des Rechts, daß es irgendeinem Menschen erlaubt sein sollte, für sich selbst zu sprechen. In diesem Falle also bin ich, der rechtmäßige Eigentümer, zwei großen Nachteilen preisgegeben. Zuvörderst ist mein Rechtsgelehrter, der fast von der Wiege an darauf eingeübt ist, Falschheiten zu beweisen, ganz und gar nicht in seinem Element, wenn er einmal in den Fall kommt, Fürsprecher der Gerechtigkeit zu sein, und da ihm diese Lage ganz unnatürlich dünkt, packt er das immer mit großer Ungeschicklichkeit, wenn nicht mit Übelwollen an. Sodann muß mein Rechtsanwalt auch mit großer Behutsamkeit vorgehen, um nicht von den Richtern gescholten und von seinen Amtsbrüdern geschmäht und verabscheut zu werden als ein Abtrünniger von dem herkömmlichen Wege Rechtens. Mir bleiben daher nur zwei Wege, um meine Kuh zu retten. Entweder muß ich den Rechtsgelehrten meines Gegners mit einem doppelten Honorar auf meine Seite ziehen, so daß er seinen Klienten verrät, indem er durchblicken läßt, er habe das Recht auf seiner Seite. Oder aber, mein Rechtsanwalt läßt meine Sache als so ungerecht, wie er nur kann, erscheinen, indem er zugibt, daß die Kuh meinem Gegner gehöre. Sofern dies auf eine geschickte Weise geschieht, kann man sicher sein, die Gunst des gesamten Gerichtshofes zu gewinnen.

Nun muß man wissen, daß die Richter Personen sind, die berufen wurden, sowohl über alle Verbrechen als auch über Eigentumsstreitigkeiten zu entscheiden. Sie wurden ausgewählt unter den geschicktesten Rechtsgelehrten, die alt oder träge geworden sind. Diese auserlesenen ergrauten und eingefleischten Rechtsmänner zeigen, da sie das ganze Leben hindurch gegen Wahrheit und Billigkeit voreingenommen waren, eine fast reine und uneigennützige Vorliebe für die Begünstigung von Betrug, Meineid und Unterdrückung, daß ich verschiedene von ihnen gekannt habe, welche lieber eine größere Bestechung von seiten der gerechten Partei ausschlugen, als daß sie ihren Beruf schädigten, in dem sie etwas täten, was ihrem Charakter oder ihrem Amt nicht anstünde. Es ist ein Hauptgrundsatz unter diesen Rechtsgelehrten, daß alles, was früher einmal geschehen ist, später rechtmäßig wieder geschehen darf. Deshalb verwenden sie eine besondere Sorge darauf, alle Urteile aufzuzeichnen, in welchen sie der Billigkeit und dem gemeinen Rechtsgefühle ein Schnippchen geschlagen haben, zu sammeln und aufzubewahren. Diese bringen sie dann unter dem Namen Präzedenzfälle als rechtsverbindliche Vorgänge an, um auch die unbilligsten Meinungen zu rechtfertigen. Wenn sie einen Fall erörtern, vermeiden sie es sorgfältig, sich auf die Sache selbst irgendwie einzulassen, sondern verweilen laut, heftig und weitschweifig bei allen Einzelheiten, welche nicht zur Sache gehören. In dem bereits erwähnten Falle fragen sie gar nicht danach, welchen Anspruch oder welches Recht mein Gegner auf meine Kuh hat, sondern ob besagte Kuh rot oder schwarz sei, ob sie kurze oder lange Hörner hat, ob das Feld, worauf sie zu weiden pflegt, rund oder viereckig sei, ob sie daheim oder draußen gemolken werde, für welche Krankheiten sie anfällig sei, das erörtern sie mit ungemeinem Eifer. Darauf schlagen sie Präjudize nach, vertagen den Prozeß von einer Zeit zur andern und nach zehn, zwanzig oder dreißig Jahren halten sie es vielleicht für gekommen, an eine Entscheidung zu denken.

Es befremdet, daß vor der allen einsichtigen Klarheit eines Rechtsfalles die Verwirrung und Unordnung stehen soll. Dabei ermöglicht dieses Verfahren doch nur, daß das Gericht in seinem Anliegen einer eigenen Durchdringung des Prozeßstoffes befriedigt wird. Und vergessen wir nicht: Nicht immer ist unsere Sichtweise der Dinge auch die der geordneten Rechtspflege. Für gewöhnlich verkennt der unbedarfte und rechtlich unverdorbene Rechtssuchende, daß über sein so wichtiges Anliegen nicht vernunftbegabte Menschen seinesgleichen, sondern durch lange Beschäftigung mit dem Gegenstand der Gerechtigkeit verbildete, halt nur auf eine andere, entrücktere Weise vernünftige Juristen, zu entscheiden haben. Menschen also, die – alles andere als bodenständig – gewöhnt sind, eine Sache zunächst auf den Kopf zu stellen. Es gehört mit zum unverrückbaren Bild von Juristen, daß sie sich auf sichtbarste Weise der Vernunft verschließen. Daß der Jurist kein vernünftiger Mensch und ein vernünftiger Mensch kein Jurist sein könne, ist ebenso wie der Irrtum von der Phantasielosigkeit der Juristen ein nicht ausrottbares kulturgeschichtliches Mißverständnis. Für das naive Gemüt des Klienten aber wird sein ihn so bewegendes Rechtsanliegen in den Händen der damit beschäftigten Juristen lediglich zu einem weiteren unbedeutenden kleinen Mosaikstein in deren umfangreichen Entscheidungssammlungen. In einer hintersinnigen Weise hat dies der Maler und Dichter *August Kopisch* erkannt, als er schrieb:

> Sie gehen vor den Richter,
> klagen mit großem Schall.
> »Ei«, sagten die Juristen,
> »welch interessanter Fall!«

Wir haben uns – bedauerlicherweise – zunächst einmal mit der prozessualen Tragik abzufinden, mit unserem Rechtsstreit für die Juristen zu – nicht mehr und nicht weniger als – einem weiteren Fall zu werden. Bekennen wir freimütig, daß wir auch hier Laien sind und das Durcheinanderbringen von Ereignissen seine juristische Richtigkeit haben wird. Akzeptieren wir vor allem den Ausspruch des Wiener Barons *Jonas von Königswarter*:

> Ich bin nicht Jurist genug, um in dieser Sache unklar zu sehen.

Räumen wir den Anwälten das Recht auf freie Ausübung ihres Handwerks ein und bescheiden uns mit der Hoffnung, daß es in unserem Interesse geschieht. Um aber bei dem für Laien doppelten juristischen Boden wenigstens halbwegs festen Stand zu haben, ist es ratsam, der Rechtsgelehrtheit des Anwalts eigene Lebensschläue entgegenzusetzen. Um den Fallstricken ungewollter Prozeßführung zu entgehen, aber auch um prozessualen Irrtümern unseres Anwalts zu begegnen, empfiehlt sich folgende Verhaltensweise:

> Ein Mandant kam völlig aufgelöst zu seinem Anwalt, erzählte ihm ausführlich sein Rechtsanliegen und begehrte schließlich einen Rechtsrat zu

hören. Der Anwalt erwiderte: »Es handelt sich hierbei um eine völlig klare und eindeutige Sachlage, diesen Prozeß werden wir auf jeden Fall gewinnen.« Noch in diesem Moment stand der Mandant auf, überreichte dem Anwalt dessen Honorar und sagte mit einem leicht wehleidigen Blick: »Ich danke Ihnen für Ihren durchaus wohlgemeinten Rat, die Sache hat sich jedoch hiermit für mich erledigt, denn ich habe Ihnen den Fall vom Standpunkt meines Gegners aus erzählt!«

Eine solche Vorgehensweise ist allerdings nur in den wenigsten Fällen ratsam und zulässig, da sie das unverzichtbare Vertrauensverhältnis zwischen Anwalt und Mandant über Gebühr in Frage stellt. Allerdings garantiert sie auch, daß wir eine verläßliche Prognose über die Erfolgsaussichten unseres Anliegens in Händen halten. Um jedoch geschäftstüchtigen, auf materielle Bequemlichkeit bedachten Anwälten gewachsen zu sein, muß man versierter und planvoller vorgehen:

> Ein Anwalt hatte einstmals einem Bauer vom Lande das Versprechen gegeben, er wolle ihm ein Recht lehren, mit dem dieser überhaupt alle erdenklichen Rechtshändel werde gewinnen können, vorausgesetzt, er zahle dem Anwalt zehn Dukaten. Der Bauer willigte ein und versprach seinerseits, die vereinbarten Dukaten zu zahlen. Bereitwillig gab ihm der Anwalt daraufhin folgenden Rat: »Leugne allezeit, dann wirst du allezeit gewinnen!« Als der Anwalt die versprochenen zehn Dukaten für seinen Rechtsrat verlangte, sprach der Bauer ungerührt: »Ich leugne es.«

Der Anwalt, so anerkennenswert seine Rechtsberatung gewesen sein mag, verfügte offenbar nicht über ausreichende juristische Kenntnisse. Er gehörte zu jener unüberschaubaren Menge agil daherkommender, Geschäftigkeit versprühender Anwälte, denen das Fundament einer soliden und umfassenden Rechtsbildung fehlt. Möglicherweise haben wir jedoch einmal Pech und geraten in die Hände eines erfahreneren und geschulteren Anwalts. Dann verkehrt sich das Bild und wir werden im Zweifel von unserer eigenen Schlauheit – wie etwa in der folgenden Geschichte – übervorteilt:

> Ein Autofahrer hatte sein Kraftfahrzeug in einer abschüssig verlaufenden Straße hinter der Limousine eines Anwalts geparkt, als sich dieses Auto plötzlich in Bewegung setzte, fahrerlos nach hinten rollte und auf das Fahrzeug des Autofahrers aufprallte. Dieser, von unzähligen Ratschlägen seiner Bekannten auf die Gewieftheit der Anwälte gerade in Straßenverkehrssachen reichlich aufmerksam gemacht, begab sich zu dem Anwalt und schilderte ihm folgenden Sachverhalt:
> Sein Auto sei auf der Straße zurückgerollt und auf das Auto des Anwalts aufgefahren. Er wolle nun wissen, ob der Anwalt Schadensersatz verlangen werde. Der Anwalt erklärte rigoros, er verlange den Ersatz des ent-

standenen Sachschadens. Darauf antwortete der Autofahrer, in Wirklichkeit sei das Auto des Anwalts auf sein eigenes aufgerollt. In diesem Fall – so der Anwalt – sei es ein zwar bedauerlicher Vorfall, solche Fälle beruhten jedoch auf höherer Gewalt und berechtigten den Anspruchsteller nicht zu Schadensersatzforderungen; er könne leider keine bessere Auskunft erteilen. Erstaunt wandte der Autofahrer ein, man könne doch unmöglich gleiche Sachverhalte rechtlich unterschiedlich beurteilen, er werde den Rechtsanwalt auf Schadensersatz verklagen. Diese Androhung versetzte den Anwalt jedoch keineswegs in Aufregung, konnte er doch beruhigt entgegnen: »Das wird Ihnen auch nichts nützen, vor Gericht werde ich mit meinem Honoraranspruch für die Auskunftserteilung in dieser Rechtssache gegen Ihre Schadensersatzforderung aufrechnen.«

Wenn wir so unseren rechtlichen Meister finden, scheint es um unsere Sache schlecht bestellt zu sein. Ein solcher Anwalt flößt mehr Furcht als Vertrauen ein, seine Arbeitsweise kennen wir als berüchtigte »Advokasserie und Rabulisterei« – wie Heinrich Heine formulierte. Mit dieser aalglatten Rechtsauslegung und Worttüftelei können wir nur schwer umgehen, nicht umsonst sagt uns deshalb der lachende Philosoph *Karl Julius Weber:*

> Einen rechten Juristen beim Jus festzuhalten, ist so schwer als eine Sau beim eingeseiften Schwanze, was man Gewandtheit heißt.

Angesichts einer derart komplizierten Sachlage, dürfen wir den Einsatz unserer eigenen Lebensschläue nicht überspannen. Es könnte einmal geschehen, daß wir die Möglichkeiten unserer Einflußnahme auf die Tätigkeit des Anwalts überschätzen, wie die folgende Begebenheit, Der Prozeß ohne Gesetz, von *Johann Peter Hebel* zeigt:

> Nur weil es unter allen Ständen einfältige Leute gibt, gibt es solche auch unter dem achtungswerten Bauernstand; sonst wär es nicht nötig. Ein solcher schob eines Morgens einen schwarzen Rettich und ein Stück Brot in die Tasche, und – »Frau,« sagte er, »gib acht zum Haus, ich geh jetzt in die Stadt.« Unterwegs sagte er von Zeit zu Zeit: »Dich will ich bekommen. Mit Dir will ich fertig werden«, und nahm allemal eine Prise darauf, als wenn er den Tabak meinte, mit ihm wolle er fertig werden, er meinte aber seinen Schwager, den Ölmüller. In der Stadt ging er geradewegs zu einem Advokaten und erzählte ihm, was er für einen Streit habe mit seinem Schwager wegen einem Stück Reben im Untern Berg und wie einmal der Schwed' am Rhein gewesen sei und seine Voreltern daraufhin ins Land gekommen sein, der Schwager aber sei von Enzberg im Württembergischen und der Advokat soll jetzt so gut sein und einen Prozess daraus machen.
> Der Advokat mit einer Tabakspfeife im Mund, sie rauchen fast alle, tat gewaltige Züge voll Rauch und es gab lauter schwebende Ringlein in der Luft, der Adjunkt kann auch machen. Dabei war er aber ein aufrichtiger

Mann, als Rechtsfreund und Rechtsbeistand natürlich.
»Guter Mann,« sagte er, »wenn's so ist, wie Ihr mir da vortragt, den Prozess könnt Ihr nicht gewinnen«, und holte vom Schaft das Landrecht hinter einem porzellinen Tabakskopf hervor. »Seht da«, schlug er ihm auf, »Kapitel soundsoviel, Numero vier, das Gesetz spricht gegen Euch unverrichteter Sachen.«
Indem klopft jemand an der Türe und tritt herein, und ob er einen Zwerchsack über die Schultern hängen hatte und etwas drin, genug, der Advokat geht mit ihm in die Kammer abseits. »Ich komm gleich wieder zu Euch«. Unterdessen riß der Bauersmann das Blatt aus dem Landrecht, worauf das Gesetz stand, drückte es geschwind in die Tasche und legte das Buch wieder zusammen. Als er wieder bei dem Advokaten allein war, stellte er den rechten Fuß ein wenig vor und schlotterte mit dem Knie ein paarmal ein- und auswärts, teils weil es dort zu Land zum guten Vortrag gehört, teils damit der Advokat etwas sollte klingeln hören oben in der Tasche. »Ihr Gnaden«, sagte er zu dem Advokaten, »ich habe mich unterdessen besonnen. Ich meine, ich will's doch probieren, wenn Sie sich der Sache annehmen wollen,« und machte ein verschlagenes Gesicht dazu, als wenn er noch etwas wüßte und sagen wollte: Es kann nicht fehlen.
Der Advokat sagte: »Ich habe aufrichtig mit Euch gesprochen und Euch klaren Wein eingeschenkt.« Der Bauersmann schaute unwillkürlich auf den Tisch, aber er sah keinen. »Wenn Ihr's wollt drauf ankommen lassen,« fuhr der Advokat fort, »so kommt's mir auch nicht darauf an.« Der Bauersmann sagte: »Es wird nicht alles gefehlt sein.«
Kurz, der Prozeß wird anhängig, und der Advokat brauchte das Landrecht nicht mehr weiters dazu, weil er das Gesetz auswendig wußte, wie alle. Item, was geschieht? Der Gegenpart hatte einen saumseligen Advokaten, der Advokat verabsäumte einen Termin und unser Bauersmann gewinnt den Prozess. Als ihm nun der Advokat den Spruch publizierte, »aber nicht wahr,« sagte der Advokat, »diesen schlechten Rechtshandel habe ich gut für Euch geführt?« – »Den Kuckuck hat Er,« erwiderte der Bauersmann und zog das ausgerissene Blatt wieder aus der Tasche hervor: »Sieht Er da? Kann Er gedruckt lesen? Wenn ich nicht das Gesetz aus dem Landrecht gerissen hätte, Er hätte den Prozeß lang verloren.« Denn er meinte wirklich der Prozeß sei dadurch zu seinem Vorteil ausgefallen, daß er das gefährliche Gesetz aus dem Landrecht herausgerissen hatte, und auf dem Heimweg, so oft er eine Prise nahm, machte er allemal ein pfiffiges Gesicht und sagte: »Mit Dir bin ich fertig geworden, Ölmüller.«
Item: So können Prozesse gewonnen werden. Wohl dem, der keinen zu verlieren hat.

Wir erkennen, daß unserer Einflußnahme auf den Anwalt natürliche Grenzen gesetzt sind, die wir nicht überschreiten dürfen. Nicht immer bringt unsere unerwünschte Einmischung den sicheren Prozeßgewinn; gewinnen wir trotzdem einmal, so hat dies meisthin nichts mit unseren gutgemeinten Eingriffen in die Rechtsverfolgung zu tun. Zugegeben – die Eingriffe in schwebende Verfahren durch die

Prozeßparteien sind ein äußerst heikles Thema und seufzend brechen wir in einen Satz des Wiener Zivilrechtsprofessors *Schima* aus, der sagte:

> Ein Zivilprozeß ist etwas sehr Schönes. Kein Zivilprozeß ist etwas noch viel Schöneres.

Es ist verständlich, wenn unser Anwalt diese Ansicht nicht vorbehaltlos teilt. Gleichwohl wird ihm – entgegen einer landläufigen Laienmeinung – auch niemals an einem überstürzten unsorgfältigen Prozeß gelegen sein. Er wird pflichtgemäß aus dem reichen Schatz seiner Erfahrung schöpfend wissen: Einen Prozeß gewinnt man am ehesten, indem man ihn von vornherein vermeidet. Wie aber einen unvermeidlichen und notwendigen gerichtlichen Entscheid vermeiden? Nun, eine verläßliche Methode, wie man den Gegner ohne gerichtliche Hilfe bezwingt, besteht sicher darin, ihn einzuschüchtern und von einer Serie eigener bisheriger Prozeßsiege zu überzeugen. Spätestens dann wird er vernünftigerweise von einer Prozeßführung gegen uns absehen und sein Heil allerhöchstens noch in einem außergerichtlichen Vergleich suchen. Jedenfalls ist für das erste seine Prozeßwut gedämmt und ein Rechtsstreit ohne gerichtliche Hilfe todsicher gewonnen. Ungeachtet seiner forensischen Glanzleistungen findet der Anwalt reichhaltige Befriedigung gerade in der außergerichtlichen Beilegung von Streitigkeiten, der Rechtsversöhnung von Gegnern und der Gestaltung ihres Rechtslebens:

> Ein reicher, wohlhabender Bauer verfügte über einen beträchtlichen Landbesitz. Er hatte aber auch zwei Söhne, die im ständigen Hader miteinander lagen. Zermürbt von dieser drückenden familiären Situation suchte er in seiner Verzweiflung einen Rechtsanwalt auf. In seiner Ratlosigkeit wollte er von diesem wissen, was er für ein Testament errichten solle. Wie immer er sein Vermögen auch aufteile, den Söhnen werde es nicht recht sein und sie würden darüber in Streit geraten. Der Anwalt – geübt im rechtlichen Gestalten aussichtsloser Situationen – wußte auch hier einen helfenden Rat und schlug dem Bauern folgendes Testament vor: Der eine Sohn soll das Erbe in zwei gleiche Hälften aufteilen, worauf der andere eine davon auswählen soll.

Wenn der Anwalt derart heilsam und helfend in die Geschicke seiner Mandanten eingreift, genießt er nicht selten den Ruf eines Heiligen, der aus Versehen Anwalt geworden ist. Solche Anwälte vermögen alle Register zu ziehen, sie sind selbst in der Lage, das rechtliche und sachliche Vakuum ideenreich zu füllen und damit den

Mandanten kostbarste Rechte zu sichern:

> Einst kam ein Mandant zu seinem Anwalt und bat ihn händeringend um Hilfe bei der Durchsetzung eines höchst brüchigen und fraglichen Anspruchs. Der Anwalt erkannte nach kurzer Prüfung die Sachlage, erklärte sich aber dennoch bereit, an den Gegner des Klienten einen Brief zu schreiben. Noch im Beisein seines Mandanten diktierte er den Brief: Wenn Sie den Anspruch meines Mandanten nicht erfüllen, werde ich das tun, was ich in derartigen Fällen immer tue. Beeindruckt durch die Stilsicherheit seines Anwalts stellte der Mandant die erstaunte Frage, was er denn in solchen Fällen stets tue. Der Anwalt antwortete im Vollbesitz zweier juristischer Staatsexamen: »Nichts.«

Über derartige Vorgehensweisen sollte nur vorsichtige Kritik geäußert werden, der betroffene Mandant wird sie ohnehin nur rügen, wenn die Methode einmal nicht zum Ziel führt. Im übrigen handelt es sich dabei um schwierig durchschaubare, schwer erlernbare und nur mit Bedachtsamkeit auszuführende Strategien der Anwälte, die von seiten der Laien als ausgesprochen berüchtigt und gefährlich angesehen werden, sich insbesondere erst dann legitimieren, wenn man sie selbst einmal in Ausübung seiner Rechtssuche anwenden will. Der Rechtslaie überläßt dankbar seufzend die Rechtsdurchsetzung seinem Anwalt, der selbst aus der verzwicktesten und verdrehtesten Angelegenheit noch rechtliche Klarheit zu gewinnen weiß, etwa wie in der nun folgenden Geschichte von *Berthold Auerbach:*

> In der badischen Pfalz handelte ein Gastwirt oftmals mit einem sogenannten Roßtäuscher. Dieser Roßtäuscher war ein Pfiffikus und verkaufte dem Wirt hin und wieder Pferde. So bekam der Wirt einmal einen Kopper, dann wieder ein Pferd, das nicht einspännig ging, schließlich einen Lederfresser, der immer am Leder knupperte. Als nun eines Tages der Roßtäuscher wieder auf den Hof des Wirtes kam, um ihm einen Gaul zu verkaufen, antwortete der Wirt, er brauche schon einen, aber der Handel müsse schriftlich gemacht werden: »Wenn wir handelseinig werden wollen, dann mußt Du mir schriftlich das Koppen, Einspänniglaufen und Lederfressen garantieren.« Die beiden wurden handelseinig und das Schriftliche wurde entsprechend der Vereinbarung aufgesetzt. Doch bereits am nächsten Tag kam der Wirt zu dem Roßtäuscher, um ihm den Gaul zurück zu geben, da er koppe. Der Roßtäuscher aber konnte nur einwenden: »Das ist ja recht so, ich habe Dir für das Koppen ja garantiert.«
> Der Wirt begab sich aufgebracht und ratlos zu einem Anwalt, der sich die schriftliche Abrede aufmerksam durchlas. Dort stand schwarz auf weiß: Für das Koppen, Einspänniglaufen und Lederfressen wird garantiert, anstatt: gegen das Koppen usw. Noch während des Studiums der Unterlagen gebar der Anwalt die rettende Lösung des Falles. Er fragte den Wirt: »Koppt Dein Gaul?« – »Freilich!« – »Geht er einspännig?« – »Ja.« –

»Frißt er Leder?« – »Nein, das tut er nicht!« An dieser Stelle unterbrach der Anwalt den Wirt: »Jetzt muß der Roßtäuscher den Gaul wieder nehmen, er hat auch dafür garantiert.« So endete die Geschichte; der Roßtäuscher mußte den Gaul wieder nehmen, weil dieser kein Leder fraß.

Zu guter Letzt war der Roßtäuscher aufgrund der Kunstfertigkeit des Anwalts Opfer seiner eigenen Schläue geworden. Ein solcher, der Situation stets gewachsener Anwalt vermag durchaus unsere Wertschätzung und Hochachtung zu gewinnen. Hinter alledem steht auch die etwas laienhafte Auffassung, der Anwalt sei imstande, alles und jeden mit berechtigten und unberechtigten Ansprüchen zu überziehen, er verfüge über die ausgefallensten Mittel, um von unwilligen Schuldnern Zahlung zu erlangen:

> So wird von einem Anwalt erzählt, zu dem ein aufgebrachter Mandant kam. Er hatte einem Freund 1000 DM geliehen und wollte dieses Geld zurück. Wider Erwarten verweigerte der Freund die Rückzahlung. Der Anwalt riet nun dem Mandanten: »Schreiben Sie Ihrem Freund, er solle die 2000 DM zurückzahlen. Mit Sicherheit wird er Ihnen dann zurückschreiben, er schulde Ihnen lediglich 1000 DM, nur um nicht als Lügner zu gelten. Schon aber sind Sie im Besitz eines schriftlichen Anerkenntnisses seiner Geldschuld.«

Über eine derartige Klaviatur von rechtlichen Kniffen – die wohlweislich nur zur Durchsetzung berechtigter Forderungen eingesetzt werden – verfügt nur der erfahrene Anwalt. Mit diesem Vorgehen wird es jedenfalls stets gelingen, drohende Prozesse im Keim zu ersticken. Doch im gleichen Atemzug werden wir gewarnt, daß nicht jede rechtliche Meinungsverschiedenheit in ihrem anfänglichen Aufblühen beigelegt werden kann. Nicht immer gleich und noch seltener für einen länger währenden Zeitraum gelingt die wirkliche und dauerhafte Besänftigung der erhitzten Rechtsgemüter. So entpuppt sich manches Mal der scheinbar wohlgemeinte, einvernehmliche Rechtsfrieden als Brutstätte neuer, unangenehmer Rechtsverstrickungen. Daran knüpft die Mahnung, nicht vorzeitig und unbedacht auf ein Recht leichtfertig zu verzichten, wie die folgende Geschichte »Das britische Schnupftuch« von *Hermann Fürst von Pückler-Muskau* uns ans Herz legt:

> Einem Manne, den ich kenne, wurde auf der Straße sein Schnupftuch gestohlen. Er ergreift den Täter, hält ihn als der Stärkere gewaltsam fest, nicht ohne einige derbe Behandlung, die er ihm antut, und übergibt ihn dann dem herzugekommenen Polizeibeamten. Die Sache war klar vor vielen Zeugen, und der Delinquent würde, wenn bei den Assisen die Kla-

ge angebracht worden wäre, ohne Rettung entweder gehangen oder auf lange Jahre nach Botanybay transportiert worden sein. Seine Frau suchte indessen den Gentleman auf und flehte auf ihren Knien um Gnade. Der Dieb selbst, ein nicht ungebildeter Mensch, schrieb die beweglichsten Briefe und – wer wird sich darüber wundern, daß er endlich Mitleid und Erhörung fand, an dem bestimmten Tag der Kläger ausblieb und folglich der Schuldige nach englischen Gesetzen freigesprochen wurde.
Dem Gentleman bekam jedoch dies unzeitige Mitleid übel genug. Vierzehn Tage nach dem vorgefallenen wurde er von demselben Manne, der sein Schnupftuch gestohlen, für Beleidigung und gewaltsamen Angriff auf offener Straße verklagt und dieser durch Zeugen bewiesen. Allerdings erwiderte Beklagter, daß dies nur stattgefunden, weil ihm der Kläger sein Schnupftuch gestohlen habe. Da Delinquent aber hierüber bereits freigesprochen war und niemand derselben Sache wegen zweimal vor Gericht gezogen werden kann, so wurde auf seinen Einwand gar keine Rücksicht genommen. Kurz, mit Schmerzensgeld und Kosten mußte der zu großmütige Bestohlene dem Dieb und den Gerichten dafür noch gegen 100 Pfund Sterling bezahlen.

Hier hat die prozessuale Gutgläubigkeit des Bestohlenen lediglich das für ihn so gute Blatt gewendet. Es ist schlimm genug, wenn aus dem Geschädigten in der Sache auch ein Dummer im Recht wird. Daraus können wir die praktische Lehre ziehen, daß Prozesse im Gerichtssaal, nicht aber mit Nachgiebigkeit auf der Straße und an den Theken der Wirtshäuser ausgetragen werden sollen. Zudem müssen wir auch beachten, daß der bei Gericht anhängig gemachte Rechtsstreit einen weiteren, nicht zu unterschätzenden Vorteil hat. Heutzutage tritt – gewollt oder ungewollt – eine willkommene Nebenerscheinung der Prozesse auf den Plan. So fatal dies auch klingen mag, ein richtig und behutsam geführter Rechtsstreit ist in Zeiten wirtschaftlicher Anspannung eine mehr als sichere Vermögensanlage. Mit dem Prozeß sichern wir auch unsere wirtschaftliche Daseinsgrundlage, wie wir der Feder des Dichters *Jean Paul* entnehmen:

> Nichts sichert wohl ein Vermögen besser vor Dieben und Klienten und Advokaten, als wenn es ein Depositum oder ein Streitgegenstand geworden; niemand darf es mehr angreifen, weil die Summe in den Akten deutlich spezifiziret ist, es müssten denn die Akten selber noch eher als ihr Gegenstand abhanden kommen.

Unter diesem Blickwinkel wird die Prozeßführung von einer verzweifelten Notwehr gegenüber den Angriffen Streitsüchtiger zu einem wohldurchdachten Präventivschlag, die achtlos dahingesagte Bemerkung »Wir sehen uns vor Gericht« wird mit einem Male zu unserem prozessualen Credo. Der Anwalt hat dies in den langen Jahren seiner Tätigkeit leidlich erfahren müssen und ist nicht zuletzt deswegen für unsere Sache ein so verläßlicher Wegweiser. Ungeachtet ihrer übrigen Erfahrungen sehen sich Anwälte jedoch außerstande, einen gesicherten Rat darüber zu geben, ob den Mandanten zur Führung eines Prozesses geraten werden kann oder, ob davon abgesehen werden soll. Ein Anwalt, der dennoch vorgibt, die Erfolgschancen eines Prozesses verbindlich einschätzen zu können, gehört zu den Scharlatanen in der Anwaltschaft:

> So erzählt man sich die Geschichte von einem Advokaten, der sämtliche Fälle, die ihm angetragen wurden, ausnahmslos annahm. Da man hierüber sehr verwundert war, wurde er zur Rede gestellt, weshalb er alle Fälle ohne Unterschied annehme. Seine Antwort und gleichzeitige Entschuldigung war einleuchtend: Er habe so viele Prozesse gewonnen, bei denen er nicht vom Recht seines Mandanten überzeugt gewesen sei, andererseits aber so viele verloren, bei denen er mit sicherer Gewißheit an einen Prozeßsieg geglaubt habe, daß er seinen persönlichen Einsichten überhaupt nicht mehr traue, sondern alles annehme, was ihm vorkomme.

Dies mag auf den ersten Blick eine einleuchtende Begründung sein, ist jedoch nur eine Entschuldigung für mangelhafte Sach- und Rechtskenntnis. Dieser Anwalt erweckt lediglich den Schein allzeit einsatzfähiger rechtlicher Kompetenz und ist dabei doch zum Spielball der Zufälligkeiten geworden, er geht nicht listen- und einfallsreich vor, sondern nach den Prinzipien der Wahrscheinlichkeitsrechnung. Die wahre Kunst der anwaltlichen Tätigkeit hat damit nichts zu tun, wie uns *Adolf Freiherr von Knigge* deutlich macht:

> Es ist, am gelindesten gesprochen, sehr übereilt geurteilt, wenn man behauptet, es werde, um ein guter Jurist zu sein, wenig gesunde Vernunft, sondern nur Gedächtnis, Schlendrian und ein hartes Herz erfordert, oder die Rechtsgelehrsamkeit sei nichts anderes als die Kunst, die Leute auf privilegierte Art um Geld und Gut zu bringen. Freilich, wenn man unter einem Juristen einen Mann versteht, der nur sein römisches Recht im Kopfe hat, die Schlupfwinkel der Schikane kennt und die spitzfindigen Distinktionen der Rabulisten studiert hat, so mag man Recht haben; aber ein solcher entheiligt auch sein ehrwürdiges Amt.

Die wirklich verläßlichen und Vertrauen erweckenden Anwälte sind von anderem Schrot und Korn; ihre forensischen Glanzstücke spielen auch auf den Brettern einer anderen Bühne. Sie sind nicht die Hanswurste der gerichtlichen Auseinandersetzung, sondern ihre strahlenden Helden, wie es in einem Spottbild aus dem Jahre 1720 heißt:

> Dieser ist allermaßen
> Rechts-Hans auf allen Gassen,
> Der allergewaltigste Rechts-Held
> In jedem Reich auf dieser Welt.
> Ja der vollkommenste Jurist
> Beynebenst doch voller Ränck und List.

Aber auch alle anwaltlichen Kniffe und Listen wissen keinen Rat, wenn es um das Für und Wider eines geplanten Prozesses geht. Verbindliche Grundsätze, die die Entscheidungsfindung erleichtern, gibt es nicht. Einen allgemeinen, allegorisch geprägten Hinweis entnehmen wir einer beim Reichshofgericht 1762 eingereichten Klageschrift:[8]

> Processe sind wie Kriege. Wann die Ursache und Absicht rechtmäßig und ein großer Grad der Wahrscheinlichkeit dabey vorhanden ist, daß man durch den Krieg mehr gewinnen werde als durch den Weg der Güte, so ist es zuträglicher, den Krieg als den Frieden zu wählen.

Aber wer vermag zu sagen, ob die Absicht rechtmäßig ist, denn soweit haben wir inzwischen Strategie und Taktik der Prozeßführung begriffen, daß wir sagen können: Man gewinnt einen Prozeß nicht, weil man recht hat, sondern man hat recht, weil man einen Prozeß gewonnen hat. Insoweit ist der eben erwähnte Rat wenig praxisgerecht, so daß wir den in solchen Fällen stets plausiblen und leicht verständlichen Volksmund befragen. Dort finden wir die Erkenntnis:

> Und wenn Ihr hundert Bündel brächtet,
> so ist schon überhaupt der beste Rat für Euch:
> ist Eure Sache gut, so schreitet zum Vergleich
> und ist sie schlecht, mein Herr, so rechtet.

Dieser Ratschlag scheint bisherige Erfahrungssätze schlichtweg auf den Kopf zu stellen und doch ist er situationsgerecht und seine Befolgung verbürgt den gerechten Prozeßerfolg. Verfügen wir über gute Voraussetzungen in rechtlicher und tatsächlicher Hinsicht, so werden unsere Ansprüche auch ohne gerichtliche Hilfe leicht durch-

---

8 NJW 1984, 1095.

setzbar sein. Ist unsere Sache hingegen schlecht, haben wir etwa nur unzulängliche Beweismittel zur Verfügung, so entspricht es nicht nur den Grundsätzen der Risikofreudigkeit, sondern darüber hinaus erfahrungsgemäßer Wahrscheinlichkeit, daß die gerichtliche Auseinandersetzung für uns eine Wende zum Guten bringen wird. *Jörg Wickram* schildert in seinem »Rollwagenbüchlein« 1555 eine Geschichte, die belegt, daß auch vermeintlich aussichtslose Fälle vor Gericht ihre verdiente Chance bekommen:

> In Venedig gab es auf allen Plätzen viele gute, arme Gesellen, die man Fackinen nannte und die die unglaublichsten Lasten zu tragen vermochten. Einer dieser Fackine schleppte einmal eine übergroße Last von Hausrat und schrie dabei »Warda, warda«, was so viel heißt wie: »Weicht aus, macht die Straße frei, seht Euch vor.« Da war aber auch ein hochmütiger Edelmann, der meinte, der Träger solle ihm ausweichen. So stießen sie zusammen und der Fackin blieb am Ärmel des Edelmannes hängen. Dieser ließ ihn ins Gefängnis werfen, um ihn am nächsten Morgen vor Gericht zu verklagen. Aber ein Advokat, der Erbarmen hatte und den armen Gesellen verteidigen wollte, war zugegen. Er nahm den Fakkin beiseite und sagte zu ihm: »Wenn sie Dich fragen, so stell Dich so, als könntest Du nicht reden, lass' kein Wort aus Dir herausbringen, auch wenn man Dir droht, Dich zu schlagen. Lass mich nur machen.« Der Fackin tat, wie ihm geheißen und vor Gericht konnte man kein Wort aus ihm herausbringen, er stellte sich, als ob er nicht reden könnte oder ein Narr wäre. Da sprach sein Advokat: »Hohe Herren, was soll ich mit ihm machen? Er kann nicht reden, noch mir sagen, was ich von seinetwegen reden soll.« Als dies der Edelmann vernahm, sagte er zornig: »He, Du Schalk, jetzt kannst Du nicht reden, aber gestern abend hast Du in die Gassen geschrien, als wärst Du irrsinnig: Warda, warda." Als das die Herren Richter hörten, sprachen sie: »Wenn er so geschrien hat, warum seid Ihr nicht aus dem Weg gegangen?«, und wiesen die Klage des Edelmannes ab.

Ohne die gewiefte Strategie des Anwaltes wäre der arme Lastenträger in dieser Streitigkeit rechtlos geblieben. Man muß durchaus nicht auf den Satz *Martin Luthers* »Ein Jurist kans nicht lassen« zurückgreifen, um die Prozeßfreudigkeit der Anwälte zu erklären. Akzeptieren wir einfach, daß dieser Veranlagung unseres Rechtsvertreters vielleicht einmal der Prozeßgewinn zu verdanken sein wird. Wir haben in diesem Kapitel einige wertvolle Hinweise über die Arbeitsweise der Anwälte, die Vermeidung von Prozessen und die rechtlichen Erfolgsprognosen erhalten. Zum Schluß lassen wir *Honoré Balzac* noch einmal zusammenfassen, was im Umgang mit Rechtsanwälten bei einem Prozeß zu beachten ist:

Wenn Sie nun partout einen Prozeß führen müssen, so beobachten Sie ihn genau, versuchen Sie sich stets des Aktenbündels mit Ihrem Fall zu bemächtigen, stellen Sie ständig fest, was in Ihrem Interesse unternommen wird, und verhindern Sie durch Ihre Anwesenheit kostspielige Eingaben und überflüssige Mahnungen; werden Sie vor allem ein Freund des Anwaltsbüros, Sie brauchen dabei auf den Chef keine Rücksicht zu nehmen; halten Sie die Schreiber frei, und machen Sie ihnen auch klar, daß Sie die Kniffe und Schlichen ihres Gewerbes kennen und ihnen nicht zum Opfer fallen wollen, gleichzeitig verpflichten Sie sie durch gute Mittagessen, kräftige Abendessen und gehaltvolle Frühstücke zur Dankbarkeit; verwöhnen Sie sie mit Trüffeln und edlen Weinen und bedenken Sie vor allem, daß Sie mit den 300 Francs, die Sie dafür ausgeben, 1000 Taler sparen.

Wir haben gesehen, daß die Vorbereitung eines Prozesses recht einfach ist, wenn wir unserem Fall nur ein wenig Zeit und Anteilnahme widmen. Alles was wir letztlich brauchen ist ein guter Rechtsanwalt, und den zu finden, ist nicht einmal unmöglich.

IV. Ein Fall für alle Fälle – Schriftsatz, Klage und die Sprache der Justiz

Die an sprachlichen Tüfteleien ausgerichtete Rechtsverfolgung – wie wir sie beispielhaft im vorangegangenen Kapitel kennengelernt haben – mag für den außergerichtlichen Bereich Gültigkeit beanspruchen und dort für durchaus vertretbar gehalten werden, im Bereich der offiziellen gerichtlichen Auseinandersetzung ist sie völlig unzulänglich und daher abzulehnen. Bei den an das Gericht adressierten Schriftsätzen des Rechtsanwaltes handelt es sich um wichtige Mittel der sorgfältigen Prozeßführung. Auf die wirkungsvolle und verständliche Gestaltung des Schriftsatzes muß der Anwalt nachdrücklich großen Wert legen. Gerade in der mündlichen Verhandlung spielen viele Elemente kluger Prozeßführung zusammen, der gelungene Schriftsatz bereitet diese Strategien in geeigneter Weise vor. Ausschlaggebendes Moment ist auch hier, wer sein Recht – vermeintlich oder tatsächlich – am wirkungsvollsten vorzutragen weiß. Mitunter entsprechen die Schriftsätze jedoch nicht diesen hohen Anforderungen, wie ein Gutachten der Reichshofräte für den österreichischen *Kaiser Franz Josef II.* belegt, worin die Schriftsätze charakterisiert werden:

> ....schwimmendes Stroh, unter das man untertauchen muß, um ein Korn Wahrheit zu finden, Folianten, an denen man sich die Augen und gesunde Vernunft zu Schanden lesen muß, bis man weiß, was der Schmierer haben will.

Gegenstand der Kritik waren hier langatmige, ausschweifende, gleichzeitig nichtssagende Schriften. Sie sind untaugliche Mittel zur Verfechtung von Rechtsdingen und wurden in einem 1743 verfaßten Betrugslexikon angeprangert:

> Advokaten betrügen, wenn sie alzuvile Beweis-Articul, weitschweifige und oft büchergroße Defensionsschriften übergeben, nur damit sie von vielen Bogen viele Taler bekommen mögen.

Eine solche Praxis, die Schreibarbeit der Anwälte nach dem mengenmäßigen Umfang ihrer Schriftsätze zu beurteilen und zu vergüten, wird heute dankenswerterweise nicht mehr geübt. Dennoch konnten sich die Rechtslaien nie von der Vorstellung ganz freimachen, daß eine Rechtssache nur dann von wirklicher Bedeutung sei, wenn man ihr auch vom Umfang der Schriftsätze her Gewicht verleihe. Im Bereich der rechtsprechenden Justiz wird diese Ansicht erklärtermaßen nicht geteilt:

> Dereinst hatte ein Beutelfeger juris sein Honorar dadurch erhöhen wollen, daß er die Bögen möglichst großzügig beschrieb. So schrieb er »Es verdienet« und benötigte hierfür eine volle Zeile. Der gestrenge Präsident des Gerichtes schrieb an den verbliebenen Rand derselben Zeile: ». . . eine Strafe von zehn Talern.«

Damit hatte er auf eine humorvolle Art und Weise die weit verbreitete Unsitte, nur durch entsprechende Weitschweifigkeit die verläßliche Sicherung der Rechte und ihre endgültige Durchsetzung zu bewirken, karikiert. Viel mehr als ästhetisches Wohlgefallen vermögen umfangreiche Schriftsätze nicht hervorzurufen. Denn ist der Anwalt im guten Recht, so erübrigt es sich, dies durch weitschweifige Ausführungen zu unterstreichen. Umgekehrt, wenn das Recht nicht auf seiner Seite ist, wird er durch Langatmigkeit das prozessuale Schicksal nicht wenden können. Entsprechend diesem Grundsatz genießen die umfangreichen Schriftsätze bei der Mehrzahl der Mandanten auch nur bedingtes Ansehen, wie uns eine Geschichte aus dem Buch »Der lustige Teutsche« von *Gottfried Rudolph von Sinnersberg,* 1729, berichtet:

> Der Bauer hatte eine für ihn grundlegend wichtige Rechtssache zur Entscheidung gehabt und bat nach deren Beendigung den Gerichtsschreiber um die Acta. Als dieser ihm das Bündel aushändigte, sah der Bauer voll Verwunderung, daß nur zwei Drittel der Bögen beschrieben waren, er aber jeden einzelnen Bogen bezahlen sollte. Als er dem Gerichtsschreiber gegenüber seinen Unwillen zum Ausdruck brachte, erwiderte dieser kurz und bündig: »Bauer, das kannst Du nicht verstehen, das nennen wir Acta geschrieben.« Der Bauer vermochte die geforderte Summe nicht zu zahlen, da der Prozeß ohnehin seinen Beutel stark geplündert hatte. So war er es zufrieden, daß er die Gerichtskosten bei dem Gerichtsschreiber, der ihn zum Dreschen in seine Scheune bestellte, abdienen konnte. Der Bauer breitete die Garben weit auseinander und schlug lustlos darauf herum, sodaß das halbe Getreide in den Ähren blieb. Als dies der Gerichtsschreiber sah, tadelte er den Bauern: »Heißt das wohl gedroschen, ich sehe noch das halbe Korn in den Ähren sitzen.« Der Bauer jedoch war mit seiner Arbeit zufrieden und antwortete: »Herr Gerichtsschreiber, das könnt Ihr nicht verstehen, das nenne ich Acta gedroschen.«

Nicht nur langatmige Weitschweifigkeit, sondern auch ein jenseits guter forensischer Umgangsformen liegender Ton in den Schriftsätzen wird bisweilen den Anwälten zum Vorwurf gemacht. Soweit sie sich allerdings eine Kritik ihres rüden Umgangstones gefallen lassen müssen, befinden sie sich in überaus honoriger Gesellschaft. *Johann Wolfgang Goethe* agierte als Rechtsanwalt in seinen Schriftsätzen derart emphatisch, daß der Gerichtshof in Wetzlar in einem Dekret aus dem Jahre 1772 rügte:

> Den beyderseitigen Advocatis causae wird die gebrauchte unanständige, nur zur Verbitterung der ohnehin aufgebrachten Gemüter ausschlagende Schreibart ernstlich verwiesen.

Wie drängend auch immer die Rechtsanliegen schriftsätzlich vorgetragen werden, es bleibt festzuhalten, daß ein guter Schriftsatz zum einen ein beherzter Verfechter der Mandanteninteressen zu sein hat, zum anderen eine für das Gericht geeignete Streitschrift. Es verwundert nicht, wenn diese Streitschrift mitunter aus höchst vertrackten, von literarisch ambitionierten Anwälten verfaßten Versatzstücken besteht, wohnt doch in mancher Advokatenseele ein unerkannter Dichter. Der Schriftsteller *Joseph Roth* hat über die Diktate des Rechtsanwaltes Finkelstein 1925 berichtet:

> Wie flatterte das Herz, wenn er diktierte, die großen, fremden, nie gehörten Worte sprudelten, Sturzbäche erstaunlicher Satzgefüge, prachtvoll exotische Klänge, lateinische Namen, Sätze, labyrinthisch gebaute, mit kunstvoll verborgenen Prädikaten, die manchmal unerklärlich verlorengingen.

Dabei müssen sich die Jurisprudenz und Literatur gar nicht feindlich gegenüberstehen, ja ein friedliches Nebeneinander oder Ineinander ist insgesamt legitim – jedenfalls nach Auffassung des Juristen *Jacob Grimm:*[9]

> Poesie und Recht sind aus einem Bette miteinander aufgestanden.

Wenngleich wir den ausgeklügelten, mit literarischen Ambitionen hergestellten Schriftsatz für legitim halten, dürfen wir doch nicht den Fehler begehen, die Wirkung der Schriftsätze über Gebühr zu bewerten. Die Richter lassen sich nur sehr zurückhaltend von den

---

9 Zu *Jacob Grimm* vgl. Zeitschrift für geschichtliche Rechtswissenschaft 1816, 25.

schriftlichen Äußerungen der Anwälte umgarnen und haben einen eigenen, innigen Umgang mit den in den Akten befindlichen Schriftsätzen:

> Über den bayerischen Oberamtsrichter *Johann Baptist Cantler* wird erzählt, daß er die Angewohnheit hatte, an den Rand der ihm vorgelegten Akten, auf Vernehmungsprotokollen und Urteilsbegründungen kleine Phantasiefiguren zu zeichnen. Das ihm übergeordnete Landgericht sah sich eines Tages genötigt, ihm eine Akte mit der Bemerkung zurück zu schicken: »Wiedervorlage nach Entfernung der Männchen.« Der Oberamtsrichter ließ die Akte zunächst unbearbeitet und erst auf mehrmalige Dringlichkeitsanfragen der vorgesetzten Behörde antwortete er: »Gehorsamst retourniert mit der Bemerkung, daß der Akt noch nicht vorgelegt werden kann, da sich die Männchen immer noch nicht entfernt haben.«

Wenn bereits die Richter mit einer entsprechend reduzierten Ernsthaftigkeit an die Aktenarbeit gehen, dürfen umgekehrt an die von den Anwälten zu verfassenden Schreiben keine zu hohen Ansprüche gestellt werden; selbst erfahrenste Anwälte wissen nicht zu sagen, ab welchem Dürftigkeitsgrad der Schriftsätze die Richter sich zum Männchenmalen veranlaßt sehen.

Gleichwohl darf ein anderer Aspekt nicht vernachläßigt werden: Es ist von erheblicher Wichtigkeit, daß dem Gericht der richtige Klageantrag unterbreitet wird. Das Gericht sowie der Gegner sollen wissen, welches klägerische Begehren zur Verhandlung ansteht. Der Laie mag schmunzelnd bemerken, daß dies wohl der leichteste Teil der gesamten Prozeßführung sei, wir kennen aber zahlreiche Rechtsfälle, die belegen, daß gerade in diesem Bereich sorgfältigste Vorgehensweise zur Vermeidung von Prozeßfehlern gerade gut genug ist, etwa wie in der Geschichte »Ein Mann, ein Wort«[10]:

> Vor dem Dorfgericht zu Grayn in Mähren erhob in der Mitte des 14. Jahrhunderts ein Bauersmann, der bei einer Schlägerei verwundet worden war, Klage: »Herr Richter, ich klage, daß mir der Melchior eine Wunde am Kopf geschlagen hat, die mir den Tod gebracht hat.« Mit diesem Ausspruch wollte er nur seine Klage untermauern und zum Ausdruck bringen, daß die Verwundung ihn um ein Haar das Leben gekostet hätte. Indes, sobald der Beklagte die Rede des Bauern vernommen hatte, bat er um ein freisprechendes Urteil, mit der Begründung, daß der Kläger ja noch lebe, obwohl er laut seiner Klage bereits tot sei. Die Schöffen, die über den Fall zu Gericht saßen, gaben der Einwendung des

---

10 JuS 1961, 120.

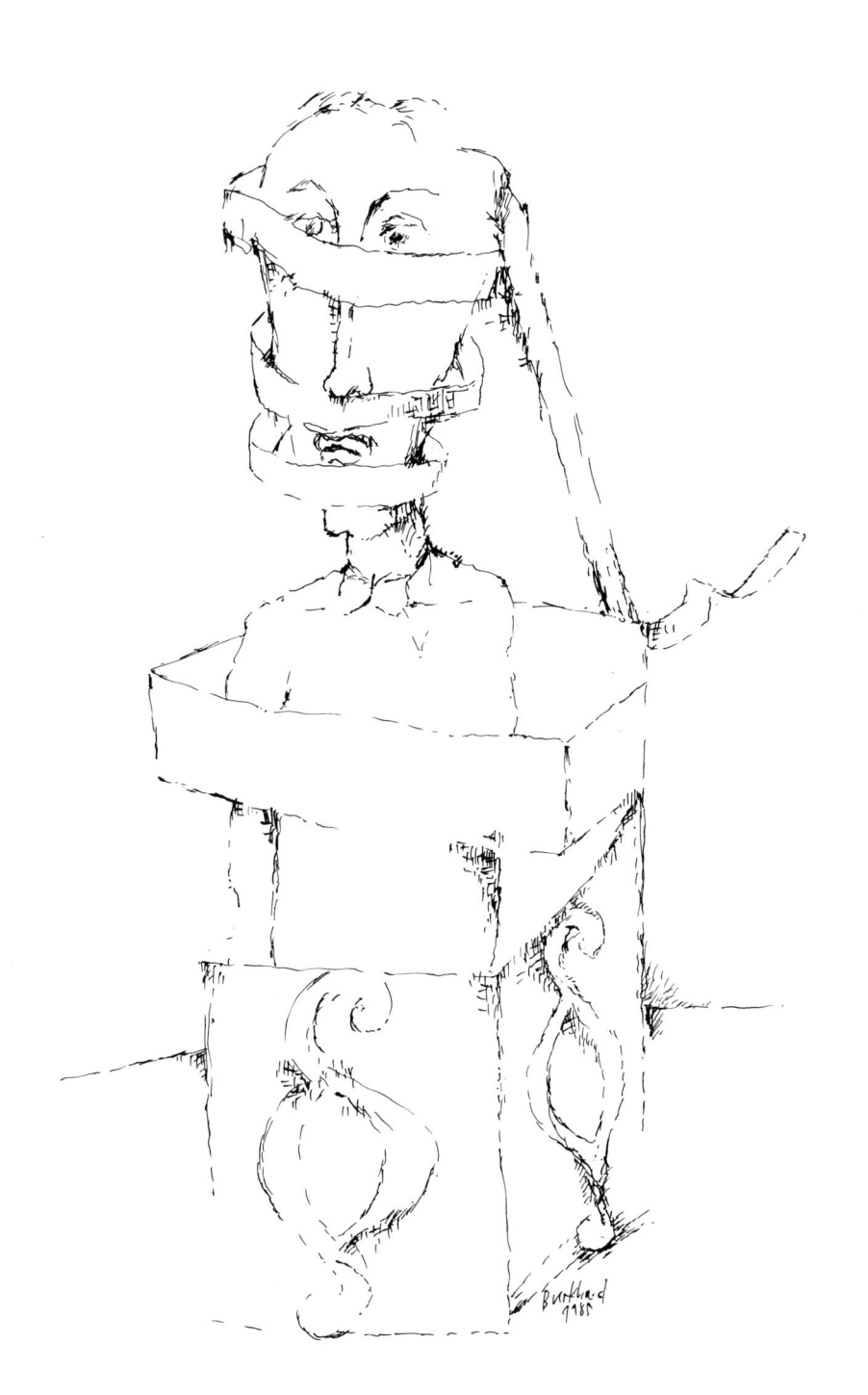

Beklagten statt und sprachen ihn frei. Als der Kläger später wegen verschiedener anderer Wunden weitere Beklagte in Anspruch nahm, verwendete er zwar die bedenkliche Formulierung nicht, dennoch fragten die Beklagten, ob sie überhaupt auf die Klage eines Toten reagieren müßten.

Mag unser Anliegen in rechtlicher Hinsicht noch so berechtigt sein, es kann – wenn es das Gericht nicht versteht – völlig bedeutungslos werden. Wenn wir noch nicht einmal selbst wissen, wie der Hergang einer Sache war, woher sollte es die Rechtspflege wissen. Das Gericht versteht nur eine bestimmte prozessual formalisierte Sprache und erwartet von uns einen genau abgegrenzten und erläuterten Klageantrag. Ein nicht ordnungsgemäß gestellter Antrag kann uns im Kampf ums gute Recht beträchtlich zurückwerfen. Um einer eventuellen Klageabweisung zu entgehen, ist es ratsam, nie mehr als unbedingt notwendig, aber auch stets soviel, daß das Gericht einen verständlichen Antrag in den Händen hält, vorzutragen. Mögen sich hinter einem einfachen, kurzen Klageantrag auch komplizierte Sachverhalte verbergen, das Gericht wird sich für ein prägnantes Begehren mit einer prägnanten Entscheidung bedanken. Bei der Stellung des Antrages sind denkbare Eventualitäten unbedingt mit zu berücksichtigen und es ist vorteilhaft, nicht immer das, was man in Wirklichkeit will, auch in den Klageantrag aufzunehmen. Im Gegenteil – es kann einmal notwendig werden, das wahre Prozeßziel in dem Klageantrag überhaupt nicht zu nennen. Das ist ein legitimes prozessuales Mittel und gewährleistet, daß wir nicht Opfer von formellen gesetzlichen Vorschriften werden:

Im 15. Jahrhundert gab es in der schweizerischen Stadt Biel einen merkwürdigen Schadensersatzprozeß. Dem Stadtgericht wurde folgender Fall unterbreitet: Bei Reparaturarbeiten auf dem Dach eines Hauses hatte ein Dachdecker fehlgegriffen, das Gleichgewicht verloren und war von oben auf einen Straßenpassanten gefallen, der dadurch bedauerlicherweise zu Tode kam. Die hinterbliebenen Verwandten des Getöteten verklagten den Dachdecker und forderten Buße von ihm. Als das Gericht sich nunmehr fragte, was in dieser Sache rechtens sei, gab die Antwort das Bieler Rechtsbuch: Wer gegen den Dachdecker sein Recht begehrt, soll so hoch klettern, als dieser geklettert war, bevor er zu Fall kam, und der Dachdecker soll sich an dieselbe Stelle hinstellen, an welcher der Passant zu Tode gekommen ist, wenn der Kläger so hoch geklettert ist, soll er sich loslassen und fallen.

Die Kläger hatten ihr Begehren hier in einen vordergründigen Antrag eingebunden und mußten folglich nach dem formalisierten

Stadtrecht unterliegen. Wir sollten aber auch die Anforderungen an den richtigen Klageantrag nicht allzu sehr überspannen, er garantiert zwar mit hoher Wahrscheinlichkeit einen besseren Prozeßausgang, kann ihn jedoch auch nicht mit Sicherheit versprechen. Auf jeden Fall wird verlangt, daß wir unseren Prozeßgegner dem Gericht und den Richtern namentlich zu benennen imstande sind. Kann das Gericht die Beklagten nicht vor seine Schranken zitieren, weil in den Akten eine ladungsfähige Person überhaupt nicht benannt ist, so droht der Rechtsstreit bereits vor seinem Beginn zu enden. Einen derartigen beispielhaften Fall entnehmen wir dem »Rastbüchlein« von *Michael Lindener*:

> Drei Studenten versuchten des Nachts einem Bauern aus dessen Stall Gänse zu stehlen. Sie gingen dabei so laut polternd vor, daß der Bauer darüber aufwachte. Dieser beobachtete den Vorgang, um die drei vor dem Konsistorium verklagen zu können. In der Dunkelheit des Stalles sagte einer der Studenten: »Habes? (Hast Du?)« – Der andere, der die Gänse stahl, antwortete: »Habeo! (Ich habe!)« – Der Dritte, der dabeistand und aufpasste, ermahnte die anderen beiden: »Curre cito! (Lauf schnell!)« Der Bauer ging früh am nächsten Morgen auf das Konsitorium und klagte, in der vergangenen Nacht hätten ihm drei Gesellen etliche Gänse gestohlen, er kenne sie nicht, habe jedoch ihre Namen behalten. Der eine heiße Habeo, der andere Habes und der Dritte Curre cito. Da sahen die gelehrten Doctores des Konsistoriums, welch schräger Vogel vor ihnen stand und sie gaben ihm den Rat, er solle hinziehen, sie wollten nach den dreien fleißig fragen und so sie es denn erführen, wollten sie dafür sorgen, daß dem Bauern die Gänse bezahlt würden. Der Bauer war's zufrieden und begab sich nach Hause.

Wir können diesem lehrreichen Beispiel wiederum nur die Erkenntnis entnehmen, von welch hoher Bedeutung die richtige Bezeichnung der Beklagten für den Fortgang des Rechtsstreits ist. Andererseits ist die falsche Bezeichnung der Beteiligten kein prozessualer Fehler, der nur von den Parteien begangen wird. Die Richter haben mindestens ebenso mit diesem Problem zu kämpfen, wie die folgende Geschichte zeigt:

> Das königliche Landgericht zu München schrieb dem bereits erwähnten Oberamtsrichter Cantler einmal: »In der anliegenden Zivilstreitsache ersucht der Vorsitzende des diesseitigen Gerichts das jenseitige Gericht, den Bauer Vincenz Holzmoser zu den im Beweisbeschluß aufgeführten Gegenständen als Zeugen einzuvernehmen.« Nun war der Bauer Holzmoser bereits seit einiger Zeit verstorben. Cantler teilte deshalb dem Landgericht mit: »Da Vincenz Holzmoser ausweislich der anliegenden Posturkunde zwischenzeitlich mit Tod abgegangen ist, konnte seine Vernehmung durch das diesseitige Gericht nicht mehr erfolgen. Beeinlaufter

Akt wird deshalb gehorsamst zurückgeleitet mit der Anheimgabe, zwecks Vernehmung des Zeugen nicht das diesseitige Gericht, sondern das Gericht im Jenseits anzurufen, gegebenenfalls auch in zweiter Instanz das Jüngste Gericht.«

So herzlich wir über die Zuständigkeitsprobleme der Justiz lachen können, für unseren eigenen Fall bleibt ein Rest von Ungewißheit und Unwägbarkeit zurück, mit dem wir bei gerichtlichen Prozessen bedauerlicherweise immer zu rechnen haben. Es hängt so viel von der Auslegung der Rechtslage durch die beteiligten Juristen ab und oftmals beruht die Entscheidung auf der Anschauung über gewisse Vorgänge oder sogar auf der Bedeutung weniger Worte:

Ein wohlhabender Kaufmann aus Neapel hatte in seinem umfangreichen Testament dem Kloster unter Hinzufügung einer Klausel 100 000 Taler vermacht. Die Klausel besagte, daß wenn sein Sohn erwachsen sei, er in das Kloster eintreten solle. Für den Fall aber, daß sein Sohn keine Neigung zum Leben im Kloster zeige, solle dieses ihm vom ererbten Vermögen so viel geben »wie sie wollen«. Entsprechend dem letzten Willen seines Vaters ging der Sohn zunächst für einige Zeit ins Kloster, vor der Ablegung der Gelübde allerdings trat er wieder aus und begehrte nunmehr die Herausgabe des väterlichen Erbes. Das Kloster aber erklärte sich lediglich bereit, ihm 5000 Taler auszuhändigen, worüber es zur Klage kam. Der Herzog von Offuna, der Vizekönig Neapels, hatte das Testament, insbesondere die Worte »so viel wie sie wollen« auszulegen. Er kam in seinem weisen Urteilsspruch zu dem Ergebnis, daß das Kloster den Betrag herausgeben müsse, den es selbst haben wollte, nicht aber die Summe, die ihm verblieb. Die Mönche mussten also 95 000 Taler hergeben, nach dem Willen des Erblassers durften sie nur den Rest behalten.

Die Entscheidung dieses Rechtsfalles bestätigt wiederum nur unsere Annahme, daß in den Bereichen der Gerichtsbarkeit entscheidende Bedeutung in der Silbe eines Wortes liegen kann. Die geordnete Rechtspflege hängt untrennbar mit der Pflege der Wort- und Schriftsprache zusammen. Als vermeintliches Spiegelbild der tatsächlichen Ereignisse ist sie wichtigstes Instrumentarium aller an einem Prozeß Beteiligten und genießt eine nicht zu unterschätzende Bedeutung. Dabei ist es zu einer merkwürdigen Eigenart geworden, daß sich die Gerechtigkeitsfindung, wie jede gutgehende Branche auch, hohler Phrasen und nichtssagender Worthülsen bedient. Das alles führt zu einer Umständlichkeit im Ausdruck, die den Juristen manchmal zu Recht, überwiegend jedoch zu Unrecht vorgeworfen wird:

Die Juristen sagen beispielsweise nicht mehr »Laßt uns zu Tische gehen«, sondern: »Die so lange erwartet werden wollende Mahlzeit benötigt mich dergestalt und allermaßen, daß wir nun stracklich zum Tischverfahren zu schreiten gemeint sind."

Durch diesen charakteristischen Gebrauch der Sprache wird aber immerhin sichergestellt, daß die Juristen stets richtig verstanden oder mißverstanden werden – je nach Lage des Falles.

Zusammenfassend können wir feststellen, daß der richtige Klageantrag, wohlproportionierte Schriftsätze und eine gerechtigkeitsliebende Sprache weitere unerläßliche Bestandteile der erfolgreichen Prozeßführung sind. Auf ihren richtigen Gebrauch durch unseren Anwalt haben wir in gesteigertem Maße zu achten. Was aber wären all die kleinen Hilfsmittel ohne die geheimnisvollsten Figuren in diesem Spiel: die Richter. Sie wollen wir im nächsten Kapitel kennenlernen.

V. Unabhängig, unversetzbar, unbestechlich, kurzum amtsbeflissen – Die Richter

Mit zähem Durchhaltewillen aber auch leicht erschüttertem Rechtsbewußtsein betreten wir nunmehr die Schranken des Gerichts. Ein Bereich, in dem wir mit besonderer Bedachtsamkeit und Behutsamkeit vorgehen müssen, wie wir im folgenden sehen werden. Wenden wir uns daher zunächst den Richtern zu. Die Richter sind wichtig, in ihren Händen und Köpfen laufen alle wichtigen prozessualen Fäden zusammen. Ihnen obliegt insbesondere die Kunst der Prozeßleitung und folglich sind an ihre Urteilsfähigkeit besonders hohe Anforderungen zu stellen. Andererseits sind die Richter beamtenähnlich in ihrem Status und unterliegen damit auch bestimmten, den Beamten eigenen Sonderbarkeiten. So hoch einerseits die moralischen Anforderungen an die Richterschaft auch sein mögen, man hält sie andererseits für weltfremd, uneinsichtig und ist der Auffassung, sie verfügten über keinen allzu stark ausgeprägten Intellekt. Der Schriftsteller *Ludwig Thoma*, selber Rechtsanwalt in München, war der Auffassung, daß sich nicht nur die fähigsten unter den Juristen im richterlichen Beruf zusammengefunden hätten:

> Wir sehen, daß keineswegs lauter trefflich veranlagte Menschen sich dem Richterstande zuwenden. Die Mehrzahl besteht aus herzlich mittelmäßigen Leuten.

Er läßt dabei zwar unberücksichtigt, daß gerade aus der Mittelmäßigkeit heraus gescheites Recht gesprochen werden kann, gleichwohl wird von ihm zutreffend das Beamtengemüt der Richter angesprochen, das ein Berufswahlführer im Jahre 1914 zusammenfaßte:

> Der Amtsrichter steht in einem patriarchalischen Verhältnis zur Bevölkerung, besitzt Autorität am Stammtisch und in der Gesellschaft, hat nicht viel Arbeit, kurz: er führt ein ruhiges, gesundes, in engen Bahnen gleichmäßig dahinleitendes Leben.

Mögen die Richter in gesellschaftlicher Hinsicht auch unverändert hohes Ansehen genießen, die Bedenken hinsichtlich ihrer charakterlichen Festigkeit und ihrer beruflichen Könnerschaft konnten nie ganz beseitigt werden. Daß dadurch ihr gesellschaftliches Ansehen unbeeinträchtigt blieb, hat wohl seine Ursache in einer tief verwurzelten Obrigkeitsgläubigkeit, die den Rechtssuchenden unvermindert zu schaffen macht. *Ludwig Thoma* läßt uns Zeuge solch widerstrebender Gefühlsregungen werden:

> Die rundliche Frau ... weiß, daß dieser lange Mensch mit den vorquellenden Augen, der sie mit seiner Gelehrsamkeit anspuckt, ein königlicher Richter ist, eine Respektsperson. Und darum wagt sie es nicht, sich darüber innerlich klar zu werden, daß er trotz Stellung und Gelehrsamkeit ein recht saudummer Kerl ist.

Die Rechtssuchenden haben große Schwierigkeiten mit der den Richtern eigenen Berufsmoral und der Art und Weise, mit der sie Autorität von Amts wegen verkörpern. So schwanken sie zwischen hörigem Respekt und ironischer Verspottung:

> Eine alte Frau betete täglich für den Stadtrichter, daß er recht lange leben möchte. Der Richter fragte daraufhin – von Neugier gepackt – bei ihr nach, warum sie das tue. Die alte Frau antwortete wie selbstverständlich: »Ach, Herr Richter, ich habe Euren Großvater als einen Richter gekennet, das ware ein Mann, der nicht viel nutz ware; ich hab Euren Vatter gekennt, der noch viel schlimmer als Richter ware; und ich kenne auch Euch, mein Herr Richter, daß Ihr der ärgste Schelm auf Erden seid, darum bette ich für Euch, daß Ihr möget lang leben, dann ich förchte, es möchte noch ein ärgerer Schelm nach Euch kommen.«

Ob die liebe alte Frau lediglich zu wenig Zuversicht in die zukünftige Entwicklung des Richters hatte, können wir nicht entscheiden. Aber ebenso wie unter den Anwälten, gibt es in gleicher Zahl schwarze Schafe unter der Richterschaft, die den heilen und intakten Zustand des Richterstandes zu Recht infrage stellen. So mag es vorkommen, daß einzelne verknöcherte Richter in einer abgeklärten Naivität auch nach außen hin ihre berufsbedingte Unabhängigkeit ausleben:

> Ein ältlicher Amtsrichter wollte sich eines Tages für den Nachhauseweg eine Mietkutsche nehmen und fragte den Kutscher nach dem Preis der Fahrt, worauf dieser antwortete: »Zwölf Groschen.« Der Richter war über die Höhe des Preises sichtlich empört, der Kutscher blieb gelassen und meinte, so viel gebe jedermann. Daraufhin fragte der Richter, ob der Kutscher das auch beschwören könne. Der Kutscher bejahte und der Richter nahm ihm den Eid ab. Nachdem der Kutscher ihn zu Hause abgesetzt hatte, gab der Richter ihm vier Groschen und erklärte: »Die anderen acht Groschen behalte ich als Gebühr für die Eidesabnahme.«

Es ist nicht nur menschlicher Geiz, der hier zum Ausdruck kommt, sondern eine dem richterlichen Beruf eigene Weltfremdheit und Amtsbeflissenheit. Daß aber dieser letztere Teil des richterlichen Charakterbildes manches Mal nur der Ausdruck gewöhnlicher, allzu menschlicher Dummheit ist, können wir einer Geschichte aus den »Weilheimer Stücklein« entnehmen:

> Es lebte einmal ein geiziger Landrichter in Weilheim, der hätte zu gerne einen Esel gehabt. Doch wann immer Händler aus dem Tirolerischen mit ihren Eselsfuhrwerken bei ihm vorbeikamen, war ihm der Preis zu hoch. Eines schönen Tages saß er auf der Bank vor seinem Haus, als ein Tiroler mit einem wirklichen Prachtesel vorfuhr. Der Richter fragte nach dem Preis, doch der war ihm mit 50 Gulden wieder zu hoch. Da der Tiroler auch große Kürbisse geladen hatte, fragte der Richter: »Guter Mann, was habt Ihr denn da für Seltenheiten aufgeladen, die großen gelben Kugeln, ich habe noch nie so etwas gesehen.« – »Ja«, antwortete der schlaue Tiroler, »das ist wirklich etwas ganz besonderes, das sind Eseleier, die mein gutes Tier heute Nacht gelegt hat.« Sofort kaufte der Richter für 12 Gulden einen Kürbis und vermeinte damit einen guten Handel zu machen, nicht ohne gefragt zu haben, wie man das Ei behandeln müsse, damit ein Esel ausschlüpfe. Der Tiroler sagte, er müsse das Ei nur hinüber auf den Gogelberg rollen, es ins Gras legen, sich darauf setzen und dann warten, bis der Esel herauskomme. Nachdem der Tiroler weitergezogen war, stieg der Landrichter mit seinem vermeintlichen Eselsei auf den Gogelberg, setzte sich darauf und wartete, was sich ereignen würde. Es war ein warmer Sommertag, die Sonne brannte herab und bald rann ihm der Schweiß von der Stirn. Gerade als er nach seinem Taschentuch griff, entrollte ihm der Kürbis den Berg hinunter in ein Gebüsch hinein. Ein junger Hase wurde aufgeschreckt, sprang heraus und als der Landrichter das Tier mit den langen Ohren bemerkte, schrie er laut: »Das Eselein ist ausgeschlüpft, Eselein, her zu mir.« Als das Tier nicht hörte, sondern Reißaus ins Feld nahm, erkannte der Richter seinen Irrtum. Aber was konnte er tun, der schlaue Tiroler war längst über alle Berge.

Die Ratlosigkeit des Richters hat hier einen entlarvenden Ausdruck gefunden. Wie kann er sich anmaßen, über andere kenntnisreich und souverän zu richten, wenn er seine eigenen Angelegenheiten nur mit einer gewissen Hilflosigkeit versieht. Da wird der Richter dann nicht grundlos zum vielgeschmähten Justizerich, die richterliche Unabhängigkeit wird außerhalb der Gerichtsgebäude nur noch zum richterlichen Übermut. Im übrigen hat der Richter außerhalb seiner Dienstzeiten keinen Anspruch als Amtsperson besonders respektiert zu werden, wie *Heinrich von Kleist* in seinem Schauspiel »Der zerbrochene Krug« 1811 erkannte:

> Es ist kein Grund, warum ein Richter, wenn er nicht auf dem Richtstuhl sitzt, soll gravitätisch, wie ein Eisbär, sein.

Es mag durchaus vorkommen, daß die Amtsbeflissenheit deutliche Übergriffe in das richterliche Privatleben zeitigt. Dann wird die an sich pflichtgemäße Neugier und amtsgerechte Lebensführung des Richters unter einem anderen Licht besehen zur Justiz-Farce, wie in der folgenden Geschichte von *Johann Peter Hebel*:

> In einer andern Stadt ging ein Bürger schnell und ernsthaft die Straße hinab. Man sah ihm an, daß er etwas Wichtiges an einem Ort zu tun habe. Da ging der vornehme Stadtrichter an ihm vorbei, der ein neugieriger und dabei ein gewalttätiger Mann muß gewesen sein, und der Gerichtsdiener kam hinter ihm drein. »Wo geht Ihr hin so eilig?«, sprach er zu dem Bürger. Dieser erwiderte ganz gelassen: »Gestrenger Herr, das weiß ich selber nicht.« – »Aber Ihr seht doch nicht aus, als ob Ihr nur für Langeweile herumgehen wolltet. Ihr müßt etwas Wichtiges an einem Orte vorhaben.« – »Das mag sein«, fuhr der Bürger fort, »aber wo ich hingehe, weiß ich wahrhaftig nicht.« Das verdroß den Richter sehr. Vielleicht kam er auch auf den Verdacht, daß der Mann an einem Orte etwas Böses ausüben wollte, das er nicht sagen dürfe. Kurz, er verlangte jetzt ernsthaft, von ihm zu hören, wo er hingehe, mit der Bedrohung, ihn sogleich von der Straße weg in das Gefängnis führen zu lassen. Das half alles nichts, und der Stadtrichter gab dem Gerichtsdiener zuletzt wirklich den Befehl, diesen widerspenstigen Menschen wegzuführen. Jetzt aber sprach der verständige Mann: »Da seht Ihr nun, hochgebietender Herr, daß ich die lautere Wahrheit gesagt habe. Wie konnte ich vor einer Minute noch wissen, daß ich in den Turm gehen werde, – und weiß ich denn jetzt gewiß, ob ich dreingehe?« – »Nein«, sprach jetzt der Richter, »das sollt Ihr nicht.« Die witzige Rede des Bürgers brachte ihn zur Besinnung. Er machte sich stille Vorwürfe über seine Empfindlichkeit und ließ den Mann ruhig seinen Weg gehen.

Der Richter mit einer derart übergreifenden Amtsauffassung, der sich ständig in dienstlicher Bereitschaft und Verantwortung fühlt, wird bei den Rechtslaien kaum mehr als Heiterkeit über seinen Lebensstil hervorrufen. Gegenüber dem Vorwurf der Amtsbeflissenheit, daß der Richter außerstande sei, Dienst und Freizeit merklich auseinanderzuhalten, wiegt ein anderer Vorwurf, der die Beschaffenheit des richterlichen Rückgrates anbelangt, weitaus schwerer. Die Auseinandersetzung hierüber mag heikel sein, aber den Richtern – wie allen Verwaltern öffentlicher Ämter – wird immer wieder der Vorwurf der Bestechlichkeit, Unehrlichkeit und Parteilichkeit gemacht. Kein Richter ist natürlich grundlos bestechlich und so sollen in den Geschichten über die Käuflichkeit der Richter stets parteiische Entscheidungen und Urteile erkauft worden sein, wie in dem Gedicht von *Alexander Petrowitsch Sumarokow*:

Zum Anwalt kam ein Mensch. »Dreihundert Rubel«,
klagt er laut,
»gehören mir. Wenn's zum Prozeß kommt, sagt,
wie man die Klagschrift wohl am besten
abfaßt und erläutert.«
Der Advokat darauf: »Hier ist mein Rat:
fünfhundert Rubel Deinem Richter gib.«

Über den Umgang mit dem Typ des käuflichen Richters finden wir in der Literatur nur schwer ein lehrreiches Beispiel. Wahrscheinlich will man kein aufmunterndes Lehrstück ungezogenen Verhaltens geben. Dennoch entnehmen wir eine Darstellung des verwerflichen Bestechungsvorganges dem Roman »Die Elixiere des Teufels« von dem Kammergerichtsrat und Schriftsteller *E. T. A. Hoffmann*:

Mit diesen Worten zog ich den Geldbeutel hervor, legte drei blanke Dukaten auf den Tisch, und der gravitätische Ernst des Herrn Richters verzog sich zum schmunzelnden Lächeln. »Eure Gründe, mein Herr«, sagte er, »sind gewiß einleuchtend genug, aber, nehmt es mir nicht übel, mein Herr, es fehlt ihnen noch eine gewisse überzeugende Gleichheit nach allen Qualitäten! Wenn Ihr wollt, daß ich das Ungerade für Gerade nehmen soll, so müssen Eure Gründe auch so beschaffen sein.« Ich verstand den Schelm und legte noch einen Dukaten hinzu. »Nun sehe ich«, sprach der Richter, »daß ich Euch mit meinem Verdacht Unrecht getan habe.«

Vorsicht, wir dürfen die Bedeutung des Richterfilzes nicht überschätzen. Was bedeutet für uns, die wir bei der Suche nach dem guten Recht nicht einen Augenblick an Bestechung gedacht haben, dieser verwerfliche Tatbestand und was wird bei der Bestechung eigentlich bewirkt? Durch Hingabe beträchtlicher materieller Güter soll die richterliche Rechtsfindung in eine bestimmte Richtung geleitet werden. Die meisten Geschichten zur Bestechlichkeit verkennen indes, daß die Entscheidung eines Rechtsstreits bis zum Schluß stets ungewiß und schon aus der Natur der Sache heraus Bestechungen unzugänglich ist. In dem Märchen von der Bestechlichkeit verbirgt sich denn auch mehr der Wunschtraum verängstigter Parteien:

In einem heiklen Rechtsstreit war die Situation eingetreten, daß keine der Parteien ihr Begehren so recht beweisen konnte. Da schenkte der Kläger dem Richter einen neuen Wagen, der Beklagte übertrumpfte dieses Geschenk und übergab dem Richter ein Paar Pferde. Als infolgedessen das Urteil zugunsten des Beklagten verkündet wurde, stöhnte der Kläger verzweifelt: »Oh Wagen, Wagen, du gehst nicht recht.« Darauf antwortete der Richter unerschüttert: »Mein guter Freund, der Wagen kann nicht anders gehen, als wo ihn die Pferde hinziehen.«

Bei näherem Hinsehen sollen durch diese Schilderungen weniger die Personen der Richterschaft als das abstrakte Gerechtigkeitsprinzip getroffen werden. Nicht der einzelne Richter soll bestechlich sein, sondern das gesamte Justizwesen. Häufig entspricht der Unzufriedenheit der Parteien über den Ausgang eines Rechtsstreits der anschließend etwas larmoyant erhobene Vorwurf der Käuflichkeit. Dieser Vorwurf übersieht, daß die Richter in hohem Maße an eine ordnungsgemäße Rechtspflege gebunden sind. Es scheint fast so, als wollten die Parteien in ihrem Wunschdenken den unbestechlichen Richter zur Bestechlichkeit verführen. Einen solchen Fall unterbreitet uns der Schriftsteller *Fritz Reuter*:

> Anläßlich einer Klage des örtlichen Pfarrers kam es zu einer gerichtlichen Verhandlung. Nach dem Vortrag des Pfarrers war der Bauer Päsel verpflichtet, bei Hochzeiten und Kindtaufen dem Pfarrer ein Pferdegespann zu stellen und ihn zu fahren. Der findige Bauer Päsel leugnete diese Verpflichtung und ließ sich vor der mündlichen Verhandlung an seinen unteren Mantelrand ein Paar Hasenohren annähen. Am Gerichtstag erspähte der Richter die Hasenohren und erhoffte für sich einen guten Braten. Demgemäß wies er zugunsten des Bauern die Klage ab, aber nachdem das Urteil so ergangen war, gab sich Päsel dem Richter gegenüber erstaunt, daß ihm seine Kinder offenbar zum Schabernack Hasenohren an den Mantel genäht hätten.

Hier wird deutlich, daß der Richter mit Absicht in Versuchung geführt werden sollte. Niemand vermag jedoch zu sagen, ob die Entscheidung ohne die angenähten Hasenohren nicht ebenfalls zugunsten des Bauern Päsel gefallen wäre. Der Vorwurf der Bestechlichkeit kann jedenfalls auf der Grundlage der hier zur Verfügung gestellten Fälle so nicht gehalten werden. Wie auch immer man über die Bestechlichkeit der Richterschaft denken mag, sie trifft für unsere heutige Gerichtssituation nicht mehr zu, wie wir von *Ludwig Thoma* erfahren:

> Man schrieb und sprach in der letzten Zeit vieles über unseren Richterstand. Die Frage, ob von uneigentlicher Bestechlichkeit bei eigentlicher Unbestechlichkeit überhaupt gesprochen werden könne, wurde von einem hohen Ministerium dahin beantwortet, daß dies jedenfalls nicht geschehen dürfe.

Aufgrund der den Richtern gewährten ausreichenden Besoldung

sind sie imstande, sich einen angemessenen Lebensstandard zu sichern und folglich nicht gezwungen, zur Bestreitung ihres täglichen Lebens bestechlich zu sein und Parteilichkeit zu gewähren. Die Richter weisen daher völlig zu Recht Bestechlichkeiten weit von sich. Zudem werden wir kaum je aus einer Bestechung auch nur annähernd einen persönlichen Erfolg im Hinblick auf den Prozeß erzielen. Womöglich ergeht es uns am Ende wie den Bäckern in der folgenden Geschichte:

> Im Jahre 1631, als der schwedische König Gustav Adolf nach Deutschland gezogen war, beantragten die Bäcker von Nyköping beim Stadtrichter die Erlaubnis, den Brotpreis erhöhen zu dürfen. Dieser fand nun, als die Delegation der Bäcker gegangen war, einen Beutel mit fünfzig Goldstücken auf seinem Tische vor. Nachdem er eine schlaflose Nacht lang die Gründe des Für und Wider erwogen hatte, fällte er am nächsten Tag folgendes Urteil:
> »Ich habe allseitig die Anträge in der Schale der Gerechtigkeit gewogen und die Gründe der Bäcker so leicht befunden wie ihre Brote. Folgte ich einem alten Brauch, könnte ich sie leicht mit den Ohren an die Ladentüren nageln lassen, erkenne jedoch dieses eine Mal auf Milde: Ihre großherzige Spende habe ich für einen wohltätigen Zweck gegeben. Die Höhe ihres Almosens beweist das Blühen ihres Gewerbes, so daß es einer Erhöhung des Brotpreises nicht bedurfte. Dafür, daß ihr Backwerk hohe Gewichtsfehler hatte, müssen die Bäcker pro Zunftgenossen 100 Goldstücke an das Spital entrichten.«

Schon aus dieser Geschichte ersehen wir, daß die Bestechung als Variante der Suche nach dem guten Recht für uns nicht in Betracht kommt und bevorzugen einen ausgewogeneren Umgang mit der Richterschaft.
Im Bereich der rechtsprechenden Justiz haben wir zwar auch manchmal mit hilflosen und kauzigen, amtsbeflissenen und verärgerten Richtern zu tun, von ihnen geht jedoch keine ernst zu nehmende Gefahr für unseren Prozeß aus. Die Richter sind notwendiges Übel bei unserer Rechtssuche und wir akzeptieren sie mit einem lachenden und einem weinenden Auge. Weinend – weil sich auch ein Richter auf der Suche nach dem guten Recht verirren kann; lachend – weil wir ihn womöglich zu unseren Gunsten und zum Nachteil der Gegenpartei erfolgreich auf diesen Irrweg geschickt haben.

VI. Umgangsformen vor Gericht – Rechtsanwälte, Richter und Parteien miteinander, füreinander, durcheinander

Wenn wir vor die Schranken des Gerichts treten, so kann es auch in Begleitung eines Rechtsbeistandes zu unvorhergesehenen Schwierigkeiten kommen, die wir jedoch als allgemeines Risiko bei einem Prozeß einzuplanen haben. Der Beistand eines Rechtsanwalts bedeutet ganz und gar nicht, daß wir unsere Rechtsverfolgung risikolos betreiben können. Böse Zungen behaupten, die Anwälte seien Menschen, die Prozesse bewältigten, die ihre Mandanten ohne sie gar nicht hätten. Diese Ansicht ist erfahrungsgemäß maßlos übertrieben und verkennt die segensreiche Einrichtung der Anwaltschaft von Grund auf. Wenn *Francois Rabelais* meint:

> So ist denn keine Sache, wie Ihr wißt, so schlecht, daß sie nicht einen Anwält fände, anderenfalls es gar keine Prozesse in der Welt gäbe,

so drückt sich darin ein Lob für den aufopferungsvollen Anwalt aus, der zugunsten mittelloser und enttäuschter Parteien Rechtssachen aufgreift, die von den Richtern gerade nicht mit offenen Armen aufgenommen und von anderen Anwälten nur ungern betrieben werden. Hand aufs Herz, welche Branche ist schon ohne Fehler, und so bleibt auch die Anwaltschaft nicht von Kritik verschont. Man denkt dabei vermutlich auch an einen Vorfall, den *James Rousseau* über den »unsterblichen Betrüger Robert Macaire als Anwalt« berichtet:

> In einem sehr wichtigen Fall, der ihm 10000 Franken Honorar eingebracht hatte – natürlich als Vorschuß, denn der Anwalt Robert Macaire gewährt keinen Kredit – kommt er unvermittelt auf den Gedanken, er sei nicht ausreichend entschädigt worden, es hätte auch noch mehr sein können. Was tut er also? Drei Tage vor dem Gerichtstermin, als er bereits weiß, daß es seinem Klienten unmöglich sein wird, einen anderen Anwalt zu finden, der den Fall vor Gericht vertritt, schreibt er diesem armen unglücklichen Menschen, daß sein Prozeß ihm sehr viel mehr Mühe mache, als ursprünglich angenommen, und daß er ihn nur dann weiter führen könne, wenn ihm ein Zusatzhonorar von 5000 Franken gezahlt werde. Was soll der Mandant tun? Er zahlt!

Nicht nur die Sachzwänge gebieten es hier, das vom Anwalt eingeforderte Honorar bedenkenlos zu entrichten. Es würde den ungehinderten Fortgang des einmal in Gang gesetzten Rechtsstreites unnötiger Weise behindern, wenn der Anwalt nicht unverzüglich zum Zwecke der Rechtsverfolgung mit einem angemessenen Honorar versehen wird. Jedenfalls wäre es prozessual naiv, eine derartige Handlungsweise unseres Rechtsbeistandes als unehrenwert auszulegen. In der Tat dürfen wir im Interesse einer unbehinderten Prozeßführung keine überhöhten Ansprüche an unseren Anwalt stellen. Eher sollten wir darauf bedacht sein, ihm seine Kräfte für die wichtigen prozessualen Erfordernisse zu erhalten. Denn dort in der mündlichen Verhandlung wird sein anwaltliches Können bis aufs Letzte gefordert und er darf den Gerichtssaal nicht mit drückenden Gedanken an ein zu geringes Honorar betreten. Unerläßliche Voraussetzung für ein gutes Gelingen ist, daß wir in die gerichtliche Verhandlung mit einem unbeugsamen, tapferen und zuversichtlichen Rechtsbeistand gehen. Er darf – genauso wenig wie wir – in seiner Hoffnung auf einen guten Ausgang des Prozesses erschüttert sein. Vielleicht wird er zu seiner Vergewisserung noch vor Betreten des Gerichtssaales auf folgende Art verfahren:

> Ein Anwalt kam mit seinem Klienten den Gerichtsflur entlang und sah die Aufregung in dessen Gesicht. Deswegen fragte er ihn:»Wollt Ihr den Prozeß wirklich führen?« Der Mandant erwiderte nur:»Warum denn nicht?« Darauf der Anwalt:»Nun, habt Ihr Geld?« – »Ja.« – »Könnt Ihr leugnen und schwören?« – »Ja.« – »Könnt Ihr eine Tortur aushalten?« – »Ja.« – »Nun denn, dann will ich für alles weitere stehen.«

Der Anwalt muß diese Gewißheit unserer bedingungslosen Prozeßbereitschaft kennen, er darf daran keine Zweifel haben, noch dürfen ihn andere als prozessuale Fragen während der Dauer des Prozesses ablenken. Er muß sich voll und ganz auf den Umgang mit der gegnerischen Partei, den gegnerischen Anwälten und dem Gerichtsvorsitzenden konzentrieren können und sich hierbei als ein angenehmer forensischer Plauderer bewähren. Der Sprachgebrauch vor Gericht gehört nämlich zum Herzstück der Suche nach dem guten Recht. Hier artikuliert sich Freundschaft und Freundlichkeit gegenüber den Richtern, denen man mit einer gewählten und vorsorglich abwägenden Sprache begegnet. Ihnen mit besonderer Nachsicht und prozessualer Hochachtung gegenüber zu treten, ist vorrangige Parteienpflicht, wie überhaupt der gesamte Umgangston vor Gericht feinfühligster Art sein sollte. Freilich – beide Seiten – sowohl Richter als auch Anwälte und Parteien müssen gelegentlich prozessual einiges einstecken. Die Grenze rhetorischer Toleranz sah das *Oberlandesgericht Hamm*[11] allerdings in der folgenden, der Kommentierung kaum mehr bedürftigen Antragstellung einer Prozeßpartei erreicht:

> Von den Richtern des zuständigen Landgerichts heißt es in dem Antrag, es sei »diesen elenden Völkern bis heute nicht gelungen, ihre wenigen grauen Zellen zu einer Denktätigkeit aufzurufen«; bei Juristen reiche »der Verstand offensichtlich genauso weit, wie ein fettes Schwein springt – und das springt bekanntlich nicht sehr weit.« Das Oberlandesgericht sei »wegen seiner dummdreisten Entscheidungen geradezu berüchtigt«, weil dort »im Akkord gegen das Grundgesetz verstoßen« werde. Schließlich endet die Antragsschrift mit dem Satz: »Ich wünsche Ihnen beim Studium der Akten wenig Erfolg, damit Ihnen das Bundesverfassungsgericht die Ihnen zustehende Rüge – möglichst mittels leichter Schläge auf den Hinterkopf, damit der eventuell vorhandene Grips gelockert wird – verpaßt.«

Angesichts dieser Situation sah sich das Gericht zu einer Entscheidung in der Sache außerstande. Es ergibt sich bereits aus dem prozessualen Grundsatz, wonach die Rechtsfindung bedächtig und in unerregter Weise zu erfolgen hat, daß der Inhalt eines solchen Antrages zu einem schweren Zerwürfnis zwischen Richter und Partei und damit schließlich zur Versagung rechtlichen Gehörs führen muß. Ein derartiges Verhalten hat seine Ursache in der laienhaften Ansicht, die Suche nach dem guten Recht habe in erregter Anteilnahme zu erfolgen. Diesen prozessualen Eskapaden haftet ein Beigeschmack irrationaler Leidenschaft an, es scheint – zumindest gemessen an der Vitalität, mit der die Rechtsverfolgung betrieben wird – ein geradezu urtümliches Element mit im Spiel zu sein. Darauf hat *Kurt Tucholsky* bereits 1929 treffend hingewiesen:

> Denn wenn der kleine deutsche Mann »vor Jericht« geht, dann ist er nach zwei Sitzungen romanistisch gefärbt, und das ist bei der sinnlos-scholastischen Art, in der diese Prozesse gegen den gesunden Menschenverstand, aber streng nach den Regeln eines eigentlich ganz und gar undeutschen Rechts abgehandelt werden, kein Wunder. Längst geht es nicht mehr um die Stiefel, längst nicht mehr um die angetane Beleidigung: der Gegner soll ausgerottet werden, dem Erdboden gleich gemacht, mit Stumpf und Stiel vernichtet – auf ihn mit Gebrüll. Das ganze Individuum ist in zitternde Schwingungen versetzt, Köpfe laufen rot an,

und Tausende von Kohlhaasen treiben um die Gerichte ihr Wesen – denn Recht muß doch Recht bleiben!

So verständlich bisweilen die prozessualen Erregungen sind, sie entsprechen nicht dem forensisch guten Ton und der Würde des Gerichts. Das *Oberlandesgericht Hamm*[12] hat in einem Beschluß vorbildlich zusammengefaßt, welches Verhalten im Gerichtssaal als Ungebühr aufzufassen ist:

> Das Dazwischenreden trotz wiederholter Vermahnung, Tätlichkeiten jeder Art, frecher oder höhnischer Ton, Erscheinen in stark betrunkenem Zustand, und unter Umständen Beifallklatschen im Gerichtssaal, Pfiffe und lautes Schreien, Essen im Gerichtssaal, demonstratives Zeitungslesen, ungehörige Äußerungen, in ungebührlicher Form angebrachte Ankündigung eines Rechtsmittels, Mißfallenskundgebungen und anderes.

Wer die vernünftigen Regeln des Wohlverhaltens vor Gericht beherzigt, wird kaum jemals in ernstliche Auseinandersetzungen mit dem Vorsitzenden geraten. Es ist ein unverzeihlicher Irrtum der Prozeßparteien, wenn sie meinen, die Rechtsverfolgung werde erst durch ein temperamentvolles Auftreten nachhaltig belebt. Möglicherweise wird dies in ferner Zukunft einmal der Fall sein, für die gegenwärtige Rechtsfindung gilt jedoch die Feststellung des *Oberlandesgerichts Köln*[13] unverändert:

> Auf eine geordnete und ungestörte Gerichtsverhandlung kann auch gegenwärtig nicht verzichtet werden.

Die Anwälte sind im großen und ganzen von einer Fehleinschätzung des guten Umgangstons weit entfernt, mitunter betreiben aber auch sie die Rechtsverteidigung in ausgefallenen Formen. Als Organe der Rechtspflege genießen sie jedoch größtmögliche Freiheiten und können kaum jemals belangt werden, wie der *Ehrengerichtshof Stuttgart*[14] in einem Beschluß klar herausgestellt hat:

> Fraglos stellt das vom Antragsteller übrigens in Abrede gestellte Werfen mit einem Ei an das Gerichtsgebäude in H. eine mißbilligenswerte Handlung dar. Es verdient ferner Mißbilligung, daß der Antragsteller Amtsgerichtsrat O. den für ihn bereitstehenden Stuhl fortgezogen hat... Dieses

---

12 NJW 1969, 1919.
13 NJW 1985, 446.
14 AnwBl 1971, 120.

Verhalten läßt es aber keineswegs schon als fraglich oder gar ausgeschlossen erscheinen, daß der Antragsteller als Rechtsanwalt die Interessen seiner Mandanten in gehöriger Weise wahrnimmt und den Gerichten, Behörden und Kontrahenten mit der gebotenen Achtung begegnet.

Nicht immer geschieht die Rechtswahrnehmung durch die Anwälte derart unverbal, in der Mehrzahl der Fälle suchen sie im Interesse ihrer Mandantschaft das Rechtsgespräch mit den übrigen Beteiligten. Indem sie eine feinfühlige prozessuale Antenne für das gerade im Gerichtssaal herrschende Wortklima besitzen, sind sie imstande auch verbale Empfindlichkeiten zu meistern. Entsprechend richten sie Inhalt, Tonfall und Satzmelodie ein und stimmen sie auf die Gemütslage des Vorsitzenden ab. Gibt dieser beispielsweise zu erkennen, daß er einem bestimmten Sachvortrag nicht folgen will, so gilt es durchaus nicht als unterwürfig, wenn der Anwalt folgenden versöhnlichen Satz in das Verhandlungsprotokoll aufnehmen läßt:

> Rein hilfsweise und höchst vorsorglich wird im übrigen vorgetragen, daß der Vorfall so war, wie der verehrte Herr Vorsitzende meint, er müsse vorgefallen sein.

Das hat nichts zu tun mit feigem Rückzug oder vorschneller Aufgabe einer brüchigen Position, sondern ist situationsgerecht und sichert das prozessual entscheidende Wohlbefinden des Vorsitzenden. Daß der Grund einer solchen anwaltlichen Einlassung den Mandanten nicht immer sofort einleuchtet, daß sie mitunter in den rechtlich verschlungenen Pfaden nicht durchblicken, ist verständlich, aber wie die folgende Geschichte zeigt, ebenso unbegründet:

> Der Anwalt stürzte verspätet aus den verwinkelten Gängen des Gerichtsgebäudes in das Sitzungszimmer der Berufungskammer. Im Eifer seiner rechtlichen Mission übersah er ein altes Mütterchen, das auf den hintersten Bank saß. Der Vorsitzende der Berufungskammer fragte den Anwalt, was er überhaupt mit der Einlegung der Berufung erreichen wolle. Der Anwalt erwiderte, seine Mandantin sei eine alte, eigensinnige Frau und trotz aller Belehrungen nicht von der Berufungseinlegung abzubringen gewesen. Er sei daher gezwungen, die Berufung durchzuführen, obwohl er sie für aussichtslos halte. Nach Ende der Verhandlung kam das alte Mütterchen auf den Anwalt zu und hielt ihm vor, was er denn schlechtes über sie in der Verhandlung gesagt habe. Sie fürchte nun, da er die Aussichtslosigkeit der Berufung zugegeben habe, daß ihr Prozeß verlorengehe. Der Anwalt jedoch ließ sich durch die Vorhaltungen seiner Mandantin nicht aus der Ruhe bringen und erwiderte gelassen: »Alles Taktik, liebe Frau, alles Taktik, um den Prozeß zu einem erfolgreichen Ende zu bringen.«

Es ist verständlich, daß es sich bei dem Vorgehen dieses Anwalts nicht um eine Anbiederung bei den Berufungsrichtern, sondern um ein ausgetüfteltes, taktisches Manöver handelte. Auch wenn der Anwalt nicht immer sofort den Eindruck erweckt, er stehe voll hinter dem von ihm zu vertretenden Begehren, so kann er doch durchaus bewußt einen klugen Schachzug für seinen Mandanten planen. Gerade diese Fähigkeit, sich blitzschnell auf eine neue Situation einstellen zu können, ist oftmals entscheidender als eine genaue Aktenkenntnis. In der täglichen Gerichtswirklichkeit stehende Anwälte rügen daher nicht zu Unrecht das innige Verhältnis der Richter zu den Akten und deren Passion, Entscheidungen nur aus dem Inhalt der Akten schöpfen zu wollen. Dieser stillen Leidenschaft der Richter hat *Joseph Freiherr von Eichendorff*, ebenfalls Jurist, das folgende Gedicht gewidmet:

> Aktenstöße nachts verschlingen,
> Schwatzen nach der Welt Gebrauch,
> und das große Tretrad schwingen,
> wie ein Ochs, das kann ich auch.
> Aber glauben, daß der Plunder
> eben nicht der Plunder wär',
> sondern ein hochwichtig Wunder,
> das gelang mir nimmermehr.

Die gestandenen Anwälte lieben weniger das Versteckspiel in den Blättern der Akten als den Schlagabtausch mit offenem Visier. Dort haben sie die größten Chancen, in der Auseinandersetzung mit dem Richter dessen wunden Punkt zu treffen. Nicht immer verbirgt sich hinter der juristischen Abgeklärtheit der Richter die Beherrschung sämtlicher prozessualer Register. Das Verhaftetsein in einer verfahrensrechtlichen Halskrause, die keinen Blick nach links und rechts gestattet, bietet eine hervorragende Angriffsfläche:

> Im Rahmen einer mit schwierigen beweisrechtlichen Fragen durchsetzten Rechtssache kam der Anwalt vor Gericht zu dem Schluß: »Um den tatsächlichen Verlauf der Geschehnisse zu beweisen, bedarf es keiner komplizierten Rechtsausführungen, sondern nur eines Körnchens gesunden Menschenverstandes.« – Der Richter entgegnete darauf: »Und bis wann können Sie dieses Beweismittel beibringen?«

Ist dies noch ein harmloses Beispiel formalisierter Prozeßführung, so dürfen wir mit den strengen, auf absoluter Einhaltung der Verfahrensordnung bedachten Richtern nicht mehr spaßen. Vorsorglich vorbereitet, ungeahnten Überraschungen und ungestümen Richter-

gemütern zu begegnen, nutzt der Anwalt ihre Akribie, um auf eine elegante Weise mit Schlagfertigkeit zu kontern:

> In einem ansonsten recht eindeutigen Urkundenprozeß übergab ein Anwalt im Verhandlungstermin dem Vorsitzenden Richter einen Wechsel zur Überprüfung. Der Richter, als berüchtigter Pedant bekannt, schaute sich umständlich Vor- und Rückseite sowie die Daten an und bemerkte nach eingehender Prüfung: »Ich will hoffen, daß der Wechsel noch nicht verjährt ist.« Der Anwalt entgegnete verärgert, aber dennoch geistesgegenwärtig: »Als ich Ihnen den Wechsel übergab, war er es noch nicht.«

Ein etwas forscherer Ton im Gespräch mit dem Vorsitzenden ist grundsätzlich nicht zu beanstanden. Andererseits muß der Anwalt sich seiner Sache recht sicher sein, um nicht Opfer richterlichen Spottes zu werden:

> Dem englischen Richter John Maynard warf in einer hitzigen, vor Gericht geführten Rechtsdebatte ein junger Anwalt einmal vor: »Sie sind so alt, daß Sie schon längst vergessen haben, was Recht ist.« Der alte Richter ließ sich jedoch dadurch nicht aus der Ruhe bringen und entgegnete: »Das mag sein, ich habe vermutlich mehr Recht vergessen, als Sie überhaupt je gelernt haben.«

Die Verhandlungsführung dieses Richters mag noch in die Kategorie vernünftiger Auseinandersetzung gehören. Sein englischer, unterkühlter Stil des Recht on the rocks ist vor Gericht nicht konkurrenzlos. Es gibt auch den impulsiven Typus von Richter, sozusagen die verkörperte Rechtsmacht auf dem Richterstuhl. Dieser Richter ist eine stets tickende Bombe, bei der man nie genau weiß, wann und ob sie überhaupt explodieren wird. Diesen Zeitpunkt genau zu bestimmen, ist Aufgabe eines erfahrenen Prozeßstrategen. Dabei ist das Ausnutzen einer prozessualen Blöße der Richter durchaus nicht verwerflich, sondern unter dem Blickwinkel des Gleichgewichts der Kräfte zulässig. In dem Ringen um das gute Recht ist ein mit Pfiffigkeit durchsetzter Schritt gerade gut genug und oftmals legt ein – zwar scheinbar hochnäsiger – Einwurf den Kern einer Rechtsstreitigkeit auf plausible Weise bloß:

> Einst kam ein Wanderer in ein Gasthaus und da er hungrig war, bestellte er sich gekochte Eier. Infolge von ungeklärt gebliebenen Umständen mußte er jedoch auf eiligem Wege weiter, ohne das Mahl zu sich genommen zu haben. Auf den Tag genau ein Jahr später kehrte er wieder in dem Gasthaus ein und bestellte, so wie damals, etwas zu Essen. Doch diesmal weigerte sich der Wirt, ihn zu bedienen, er habe damals bestellt und nicht gezahlt. Jetzt machte er ihm die Rechnung auf: Aus den Eiern

seien Küken geschlüpft, die wiederum hätten Eier gelegt, aus denen wieder Küken geschlüpft seien. Das alles habe sehr viel Geld in der Unterhaltung gekostet, so daß der Wanderer nun Schadensersatz leisten müsse. Es kam wie es kommen mußte: zum Rechtsstreit. Auf dem Weg zum Gericht begegnete der Wanderer einem verschmitzt dreinblickenden Advokaten, dem er seinen Kummer erzählte und jener versprach: »Mach Dir keine Sorgen, ich werde Dir helfen.« Als die Verhandlung begann, war der Advokat noch nicht zugegen. Es dauerte und alle Beteiligten wurden unruhig. Als mit einiger Verspätung der Advokat vor den Richter trat, begehrte dieser von ihm zu wissen: »Warum kommst Du so spät, Advokat?« Geschäftig entgegnete der Anwalt: »Ich mußte erst warten, bis die Erbsen weichgekocht waren, die ich setzen wollte.« Der Richter fuhr ihn erbost an: »Aber man setzt doch keine gekochten Erbsen.« Der Advokat sprach gelassen: »Man kocht ja auch keine Eier, um sie zum Schlüpfen zu bringen.«

Ehre wem Ehre gebührt, aber aus dieser Auseinandersetzung ging der Advokat als klarer Sieger hervor. Überhaupt ist eine lockere prozessuale Hand, gepaart mit beharrlichem Durchsetzungsvermögen, die beste Taktik beim Streiten vor Gericht. Wer die spitzfindigen Erhebungen der Richter mit forensischem Charme zu kontern vermag, dürfte alleine schon deswegen die besseren Karten haben. Gleichsam als literarischen Beleg für diese Behauptung muß die folgende Geschichte von *Honoré Balzac* nacherzählt werden:

Einem jungen und begehrten Mädchen wurde eines Tages von einem hochmütigen Edelmann Gewalt angetan, worauf sie zum Richter ging, um ihr Leid zu klagen. Sie erzählte, wie sie sich unter Tränen und Hilferufen verteidigt, geschrien und gesträubt, schließlich allen Mut verloren habe. Der Richter hieß seine Magd einen roten Faden und eine Nadel, womit die Aktenbündel geheftet werden, holen: »Ich halte hier diese Heftnadel in Händen, deren Öhr breit genug ist, um diesen Faden leicht hindurch zu lassen. Gelingt es Dir ihn einzufädeln, so will ich gerne für Deine Sache sein.« Als das junge Mädchen den Faden, um ihn steif zu machen gezwirbelt hatte, versuchte sie ihn durch das Öhr zu stecken. Der Richter zuckte ein wenig und der Versuch mißlang. Sie benetzte den Faden und zielte erneut vergebens. Da kam der Richter zu dem Schluß: »Hättest Du Dich gewehrt, so wäre Dir kein Leid geschehen.« Ohne darauf einzugehen tauchte das Mädchen den Faden in das Wachs der Kerze, so daß er fest und gerade verblieb, und erneut begann sie auf das Öhr einzustechen, das der Richter nicht einen Augenblick ruhig hielt. Gleichzeitig begann sie mit schnurrigen und neckischen Lockreden und das Spiel mit Nadel und Faden nahm seinen Fortgang bis es schier sieben schlug. Noch immer war es dem Mädchen nicht gelungen, den Faden durchzustechen. Als dem Richter schließlich ob der vielen Bewegung die Hand brannte und der Daumen schmerzte, hielt er inne, um sich auszuruhen. Just in diesem Moment steckte das Mädchen den Faden durch das Öhr und jubelte: »So ist's mir auch geschehen.« Der Richter nahm also den Kasus auf, sintemal er sah, daß der Edelmann sie wider ihren Willen geschwächt hatte und verurteilte diesen zu 100 Talern, damit das Mädchen sie nach ihrem Gefallen verwende.

Mit der notwendigen Ausdauer und Geduld kann man also auch weniger entscheidungsfreudigen und skeptischen Richtern beikommen und den Rechtsstreit zu einem erfolgreichen Ende bringen. Diese geduldige Ausdauer benötigt unser Anwalt in erhöhtem Maße, denn er steht in täglichem Umgang mit den Eigenheiten aller Richter eines Gerichts.

Er trifft auf der Suche nach dem guten Recht aber nicht nur auf uneinsichtige Richter, sondern auch auf Kollegen seiner eigenen Zunft, die ihm das Leben schwermachen können. Was die Anwälte untereinander anbelangt, so sind sie in die weiche Watte ihrer Standesrichtlinien eingebettet. Getreu dem Wahlspruch, daß vor Gericht sich jeder selbst der nächste ist, begegnen sie einander mit aller aufbietbaren Hochachtung. So kann es zu einer Bezeugung gegenseitigen Standesrespekts kommen, wenn sich zwei Kollegen nach der Sitzung auf dem Gerichtsflur zu einem Plausch zusammenfinden. *Honoré Daumier* läßt uns Zeuge eines solchen Gesprächs werden:

> Ein Anwalt zum anderen: »Wie schonungslos und unnachgiebig habe ich Ihnen Ihren Fall zerpflückt.« – Der andere: »Ich aber auch. Ich habe Ihnen wahrhaft wagemutig die wirklich unangenehmsten Dinge geantwortet. Wir waren schlichtweg gut.«
> »Herr Kollege, wir waren einfach herrlich. Nur noch im Gerichtssaal kennt man die Kunst sich zu streiten und sich die schäbigsten und scheußlichsten und niederträchtigsten Vorwürfe an den Kopf zu werfen, ohne sich dabei ernstlich böse zu werden.«

Die Beschaulichkeit dieser Gerichtsidylle wird nur ab und an etwas gestört, wenn sich die Erfahrenheit älterer Kollegen und die Ungeduld der Jüngeren gegenüberstehen:

> Zwei mehrfach vorbestrafte Angeklagte standen vor Gericht. Der eine wurde von einem erfahrenen, grauhaarigen und äußerst souverän dreinblickenden Anwalt verteidigt. Der andere, trotz erheblicher Vermögensdelikte mittellos gebliebene Angeklagte, hatte einen jungen, gerade erst zugelassenen Pflichtverteidiger. Nachdem der ältere Kollege mit großen Gesten und Worten sein Plädoyer abgeschlossen hatte, zog sich das Gericht für wenige Minuten in eine wohlverdiente Pause zurück. Der Routinier nutzte die Pause zu einer kurzen Vorstellung in eigener Sache und sagte zu seinem jüngeren Kollegen: »Wenn Sie genau zugehört haben, werden Sie gemerkt haben, wie man mit den dummen Richtern umspringen muß, um vor Gericht Erfolg zu haben.« Nach Wiedereröffnung der

Sitzung begann der junge Anwalt zaghaft mit seinem Plädoyer: »Ich verfüge – das gebe ich unumwunden zu – als junger Anwalt noch nicht über die Erfahrenheit meines geschätzten Kollegen. Er weiß dies auch sehr genau, wie er mir in der Pause anvertraut hat. Gerade eben hat er mir noch den Rat gegeben: Sehen Sie, so muß man mit den dummen Richtern umspringen, um erfolgreich zu sein. Mir bleibt also nichts anderes übrig, als ohne weitere Ausführungen den Freispruch meines Mandanten zu beantragen.« Nach kurzer Beratung verurteilte das Gericht den Mandanten des älteren Anwalts, den des Berufsanfängers sprach es – wie nach dessen Plädoyer nicht anders erwartet – frei.

Das Verhalten des jungen Anwalts war auch standesrechtlich zulässig, war er doch durch den Kollegen nachgerade zu seinem Plädoyer angestiftet worden. Im übrigen steht ihm in der Tat seine jugendliche Unerfahrenheit als Entschuldigungsgrund zur Seite. Es ist ein leider weit verbreiteter Irrtum, daß sowohl jungen als auch erfahrenen Anwälten zugetraut wird, die juristischen Trümpfe lässig aus dem Ärmel schütteln zu können. Aber hinter der vermeintlich lässigen Art steht die ständige Bemühung eines guten Einvernehmens mit den Kollegen und den Richtern. Wie wir gesehen haben, sind die Empfindlichkeiten im Spannungsfeld zwischen Richtern und Anwälten nur schwer zu orten. Eine endgültige Stellungnahme können wir daher nicht abgeben, halten es aber für möglich, daß folgendes Inserat aus der *Neuen Juristischen Wochenschrift* den fließenden Übergang zwischen beiden Berufen am besten charakterisiert:

Gebr. Richterrobe, gut erhalten, preiswert abzugeben.
Suche gebr. Anwaltsrobe zu kaufen. Konfektionsgröße 50/52
Angebote jeweils unter...

Steckt nicht vielleicht doch in jedem Richter der heimliche Wunsch, in die Anwaltschaft zu konvertieren? Und steckt nicht in jedem Anwalt ein Anflug jener richterlichen Amtsbeflissenheit? Wie austauschbar und verwechselbar die Rollen der Rechtsanwälte und Richter sind, erfahren wir noch einmal von dem Dichter *Jean Paul*:

Er sah, wie sehr das gemeine Volk, wenn es zur Egerien-Quelle der juristischen Dintenfässer reiset, um sich Blasensteine wegzubringen, den Karlsbader Gästen gleiche, denen die heiße Quelle alle verheimlichten Krankheitmaterien auf die äußere Haut herausjagt – er sah, daß die meisten alten und schlimmsten Advokaten bloß darin eine schöne Ähnlichkeit mit den Giftpflanzen behaupten, daß sie, wie diese, in ihrer Jugend und Blütenzeit nicht halb so giftig sind, sondern mehr unschädlich; er sah, daß ein gerechtes Urteil oft so viel schade als ein ungerechtes, und daß man gegen beide appelliere – er sah, daß es leichter und ekelhafter zugleich sei, ein Richter als ein Advokat zu sein, nur daß beide durch ein Unrecht nichts verlieren, sondern daß der Richter für ein kassiertes Urteil so gut bezahlt wird als der Advokat für einen verlornen Prozeß und sie also vom Rechtsfalle wie Schaffhäuser vom Rheinfalle gemächlich leben ... er sah endlich, daß niemand schlimmer daran fährt als eben der, der's sieht, und daß der Teufel nichts seltener hole als Teufel ...

Wir haben gesehen, daß der Umgang der Rechtsanwälte untereinander und mit den Richtern nicht immer reibungslos und einfach ist, andererseits besteht für die Prozeßparteien kein Grund zur Beunruhigung. Vergessen wir schließlich nicht, daß Richter und Rechtsanwälte nur scheinbare Kontrahenten, in Wirklichkeit aber Streitgenossen in dem gleichen wichtigen Kampf sind – in dem Kampf ums gute Recht.

VII. Wer einmal lügt – Zeugen vor Gericht. Das Plädoyer und der gerechte Schlaf der Richter

Obwohl wir die besondere Bedeutung der Sprache vor Gericht hervorgehoben haben, ist sie doch nicht mehr und nicht weniger als ein Mittel für die rechtsverbindlichen Erklärungen in der Sache selbst. Diese Erklärungen haben kraft einer hergebrachten Tradition auf der Grundlage der sogenannten Wahrheit zu erfolgen und damit kommen wir zum Wert und Unwert der prozessualen Ehrlichkeit. Um dieses Element der Prozeßführung ranken sich unterschiedlichste Vorstellungen, unter anderem auch, daß es unschädlich sei, vor Gericht von ausgewachsenen Lügen Gebrauch zu machen. Aber dies ist ein – zwar weit verbreiteter, aber eben doch nur ein – Irrtum. Ein im übrigen gesundes Mißtrauen im Hinblick auf die gerichtliche Wahrheitsfindung hat den Volksmund zu folgender Auffassung verleitet:

Vor Gericht lügt man nicht, man sagt nur die Unwahrheit.

Eine seiner Ursachen mag dieser Spruch in den häufigen Begebenheiten mit Zeugen vor Gericht haben, die sich regelmäßig nur bruchstückhaft an Geschehnisse erinnern und damit zu einem falschen Bild des Sachverhaltes führen. Es gehört zu den unumstößlichen Einrichtungen des gerichtlichen Streites, daß Justitia vor den Prozeßgewinn die Beweiserhebung gesetzt hat. Eine Einrichtung, die uns erhebliches abverlangt und in einige Unannehmlichkeiten führen, andererseits auch kaum umgangen werden kann. *Johann Nepomuk Nestroy* wußte sehr genau über die Bedenken in diesem Stadium des Prozesses Bescheid:

Das Beweisfordern is' eine wahre Malträtierung der Menschheit. Wie schön könnt' man sich ausreden, wenn das nicht wär'.

In aller Regel erfolgt die Beweiserhebung durch Vernehmung von Zeugen, auf denen eine prozessuale Last ohnegleichen ruht. Gerade das Verhältnis zu Zeugen ist seitens der Richterschaft erheblich belastet, handelt es sich doch um absolute juristische Laien, mit denen rechtlicher Umgang sehr erschwert ist. Darin mag auch die nicht gerade zimperliche Behandlung der Zeugen ihre Ursache haben:

Mit rauhem Ton fragte ein Richter den Zeugen: »Sie wissen doch, was passiert, wenn Sie hier vor Gericht die Unwahrheit sagen?« Der Zeuge erwiderte: »Jawohl, daß weiß ich, mein Neffe gewinnt den Prozeß.«

Die Wahrheit ist gerade das Fundament einer jeden Zeugenaussage, daher trauen die Richter den meisten Zeugen nicht über den Weg – zu Recht, wie sich aus der folgenden Begebenheit exemplarisch ergibt. Wir finden sie in dem Buch »Der lachende Präsidialist« von *Friedrich Kleinwächter* und sie soll hier nacherzählt werden:

Ein Fahrgast der staatlichen Eisenbahn verklagte einmal die Staatsbahndirektion auf 30 000 Kronen Schmerzensgeld. Als Begründung gab er an: Anläßlich einer Reise auf der Lokalbahn sei bei einem Aufenthalt ein Waggon mit erheblichem Ruck angekuppelt worden. Bei dieser Gelegenheit habe er sich einen Leistenbruch zugezogen. Bei dem gerichtlichen Verfahren gab er als Beweis für den Hergang eine Vielzahl von Mitreisenden als Zeugen an. Die Staatsbahndirektion wartete ihrerseits mit mehreren Zeugen auf, die den Kläger seit Jahren kannten und bekundeten, er habe schon lange Zeit vor dem Unfall einen Leistenbruch gehabt. Angesichts dieser verworrenen Beweislage ordnete der Vorsitzende Richter die Untersuchung durch einen Amtsarzt an, der das ungefähre Alter des Leistenbruches feststellen sollte. Nach erfolgter Untersuchung erklärte er: »Verehrter Herr Vorsitzender, der Kläger hat nach meinen Untersuchungen überhaupt keinen Leistenbruch.«

Der Zeuge ist – wie wir sehen – nicht auf *die* Wahrheit, sondern auf *eine* Wahrheit verpflichtet. Daß er bisweilen hinsichtlich der in Rede stehenden Ereignisse eine eigene Anschauung hat, liegt in der prozessualen Eigenart der Zeugenaussage begründet. Die Richter vermögen nicht mehr, als auf das Erfordernis der Gewissensanspannung bei den Zeugen hinzuweisen. Eine wirklich wahrheitsgetreue Aussage herbeizuführen – dazu sind sie nicht imstande:

Ein Richter hatte den Zeugen während der Vernehmung aufgrund von Ungereimtheiten seiner Aussage bereits mehrfach in Verdacht, nicht die volle Wahrheit zu sagen. Bei einer erneuten Unstimmigkeit platzte dem Vorsitzenden der Kragen und er herrschte den Zeugen mit unverhohlenen Worten an. Der Zeuge antwortete, wenn er nicht vor Gericht stünde, könne er ganz andere Sachen sagen, dann würden ihm wahrscheinlich auch noch andere Wahrheiten zu dem Vorsitzenden einfallen. Der Richter entgegnete aufgebracht: »Nur zu, dann sagen Sie es doch.« Der Zeuge, inzwischen wieder einigermaßen beruhigt, antwortete im üblichen Tonfall: »Herr Vorsitzender, so haben Sie mich denn nun doch wieder nicht gereizt, daß ich etwa die Wahrheit sagen würde.«

Angesichts der Tatsache, daß sie keine wahrheitsgetreuen Aussagen herbeiführen können, wird es klar, warum die Richter größten Wert auf die Bekräftigung der Aussage durch einen Eid legen:

> Ein Landgerichtspräsident inspizierte einmal die in seinem Zuständigkeitsbereich liegenden kleineren Amtsgerichte und besuchte die Verhandlung eines jungen Richters. Nach Ende der Sitzung rügte er den jungen Richter, da dieser die Zeugen über die strafrechtliche, nicht aber auch über die religiöse Bedeutung des Eides belehrt hatte. Der junge Richter nahm, beeindruckt von der Kritik des Präsidenten, von nun an eine andere Belehrung der Zeugen vor: »Bei Meineid haben Sie Zuchthausstrafe nicht unter einem Jahr und bei Falscheid Gefängnis zu erwarten. Nicht zu reden von den ernstesten Unannehmlichkeiten, denen Sie sich im Jenseits aussetzen.«

Aus all diesen Beispielen wird deutlich, daß die Richter die Zeugenaussagen in ihrem Wert nicht sonderlich hoch einschätzen, eher davon ausgehen, daß ihr Wahrheitsgehalt äußerst gering ist. Diese vom Standpunkt des Richters aus verständliche Ungläubigkeit zieht sich wie ein roter Faden durch das Verhältnis der Richter zu den Aussagen der Zeugen und Parteien. Die folgende Geschichte belegt aber, daß ein aus der Erfahrung abgeleitetes Mißtrauen nicht immer ausnahmslos zutreffend ist:

> Ein Mann stand als Angeklagter vor Gericht. Ihm wurde vorgeworfen, im Zustand der Trunkenheit sein Fahrzeug geführt zu haben. Eine Polizeistreife hatte ihn völlig betrunken im Morgengrauen am Steuer seines Wagens gefunden. Der Mann stritt jedoch ab, gefahren zu sein und erzählte den Vorfall so: Er sei am Abend in ein Fest geraten und habe dort einen Studenten aus Ostfriesland kennengelernt. Er selbst habe sehr viel Bier getrunken, der Ostfriese jedoch nur Mineralwasser. Aus diesem Grunde habe er sich von dem Studenten dann auch in seinem eigenen Auto nach Hause fahren lassen; dort habe ihn die Polizei am Morgen gefunden. Der Richter – mißtrauisch geworden durch die Vielzahl der erfundenen Schutzbehauptungen, die er im Laufe der Jahre gehört hatte – glaubte dem Angeklagten kein Wort und empfahl ihm, er solle doch ein Inserat aufgeben und den Zeugen suchen: »Schreiben Sie doch: Ostfriese als Zeuge gesucht.« Der nächste Verhandlungstermin rückte heran, und da der Richter von der Schuld des Angeklagten überzeugt war, fragte er ihn ahnungsvoll: »Na, haben Sie den Zeugen?« Der Angeklagte entgegnete wider alle Erwartung, der Zeuge habe sich auf das Inserat hin gemeldet und stehe draußen auf dem Flur. Der Richter wurde bleich und mußte den Entlastungszeugen hören. Dieser bestätigte bis in alle Einzelheiten das Vorbringen des Angeklagten, und der Richter mußte – entgegen all seiner Erfahrung – den Angeklagten freisprechen.

Dieser Beispielsfall belegt zwar deutlich, daß selbst die ausgefallensten und unglaubwürdigsten Vorbringen der Parteien reale Grundlagen haben können, eine solche Erkenntnis bringt jedoch die Richter kaum davon ab, ihre generelle Linie des Mißtrauens beizubehalten, ja, es ist ihnen nicht einmal verwehrt, ihrem Mißfallen Ausdruck zu verleihen. Der *Bundesgerichtshof*[15] gestattet ihnen sogar, das Verteidigungsvorbringen einer Partei als »dummdreiste Lüge« zu bezeichnen.

Es ist eine bedauerliche Tatsache, daß die Richter aufgrund ihrer Erfahrungen niemandem und nichts mehr glauben, auch einer wahrheitsliebenden Partei keinen Glauben schenken. Wir sind besorgt, daß wir selbst bei Mitteilung der reinen Wahrheit bei unserem Richter kein Gehör finden werden und verbuchen es als Teil eines unabänderlichen Schicksals, das hier mit den Mitteln des Zufalls in ein schwebendes Verfahren eingreift. Im Hinblick auf die Fortführung unseres Prozesses ist es sinnvoller, mit dem *Oberlandesgericht Zweibrücken*[16] festzustellen, die Richter gingen

> »aufgrund jahrzehntelanger Erfahrung davon aus, daß keine Partei vor Gericht die volle Wahrheit sagt«.

Eine solche Ansicht verwundert umso weniger, wenn wir uns vergegenwärtigen, welche haarsträubenden Geschichten ein Richter im Laufe seiner Berufsjahre zu hören bekommt. *Franz Kafka*[17] wußte über die Fälle, mit denen er als Versicherungsjurist befaßt war, zu berichten:

> ... fallen ... wie betrunken Leute von den Gerüsten herunter, in die Maschinen hinein, alle Balken kippen um, alle Böschungen lockern sich, alle Leitern rutschen aus, was man hinaufgibt, das stürzt hinunter, was man hinuntergibt, darüber stürzt man selbst. Und man bekommt Kopfschmerzen von diesen jungen Mädchen in den Porzellanfabriken, die unaufhörlich mit Türmen von Geschirr sich auf die Treppen werfen.

Angesichts solcher höchst unglaubhafter Vorfälle, mit denen sich der Richter beschäftigt, müssen wir entscheidendes Gewicht darauf legen, daß unser Anliegen niemals in den Ruch der Unwahrheit oder gar Lüge kommt. Wir müssen darauf dringen, daß der Anwalt in beredsamer Weise unseren Fall vorträgt. Nicht in allen Fäl-

---

15 NJW 1978, 824.
16 MDR 1982, 940.
17 Zu *Franz Kafka* als Jurist vgl. Sozialgerichtsbarkeit 1983, 149.

len wird er sich bereitwillig und ohne Zögern in diesen Wahrheitskampf stürzen und oft ist er von einer vornehmen Zurückhaltung. Darum liegt es an uns, die Bedenken des Anwalts auszuräumen und in ihm das Gefühl seiner großen Verantwortung zu wecken: Er zieht nicht als ein Handlanger des Rechts, sondern als dessen Meister in die gerichtliche Auseinandersetzung. Auf dem Forum der Redegewandtheit entfaltet er seine eigentlichen anwaltlichen Kräfte. Als ein berufener Vertreter seiner Partei kann er sich zum Großteil wiederum nur auf das Vorbringen der Mandanten stützen und leicht korrigiert dem Gericht zur Entscheidung unterbreiten. Dabei ist er manchmal gezwungen, seltsamste Vorfälle aus seinem Munde vorzutragen. Daß die Parteien es oft nicht sehr genau nehmen mit der prozessualen Wahrheit, kann ihm nicht zum Nachteil angelastet werden. So ist das plattdeutsche Sprichwort:

> Mien Jung schall Awkat warden – sä de Buur – siet he in'r School is, hett he noch keen wahr Wort snackt

völlig unzutreffend, zumindest aber mißverständlich. Wenn dem Anwalt zum Vorwurf gemacht wird, er sei nur ein Sprachrohr der lügnerischen Vorbringen der Mandanten, so ist dieses Urteil falsch. Es verkennt, daß der Anwalt bereits standesrechtlich verpflichtet ist, nur die Wahrheit zur Grundlage seines Vortrags zu machen. Insoweit sind Geschichten, etwa wie die folgende von *Hans Wilhelm Kirchhof* aus dem 16. Jahrhundert nur mit Vorsicht zu betrachten:

> Einem Fürsprecher oder Wende-das-Recht, der in allen Sachen, die er verhandelte, gewann, und niemand, der ihn nicht auf seine Seite bekommen konnte, getraute sich, das Recht zu erhalten, kam, ich weiß nicht, was für eine Reue an, ging in ein Kloster und ward ein Mönch. Der Abt war über ihn sehr erfreut, denn der Konvent hatte auch vor, einige streitige Handlungen zu verrichten, und, nachdem er in den Orden aufgenommen und bestätigt, ward ihm jetztgemeldeter Zwiespalt zu verfechten befohlen. Wie er aber vorher allewege der Überwinder geblieben, so lag er jetzt in Sachen des Klosters mehrere Zeit danieder. Deshalb ward er vom Abt, gleich als ob er es mit Unfleiß oder sonst aus Büberei so gröblich versehe und hingehen ließe, zur Rede gestellt. Sprach er: »Soviel an mir ist, laß ich nichts unversucht, wenn ich aber, wie vorher, lügen dürfte, würdet Ihr Wunder erfahren.«

Am Beispiel dieses Falles sehen wir, daß es sich bei den Vorwürfen gegen die Anwälte um eine falsche Einschätzung ihres Wirkens und Schaffens handelt. Der Anwalt sieht sich zu Recht – im Dienste seiner Mandanten – zu Auslassungen, gelegentlichen Übertreibungen und Hervorhebungen genötigt, um dem guten Recht zum Durchbruch zu verhelfen. In diesem Sinne kann und muß ihm bis zu einem gewissen Grade der freizügige Umgang mit der Welt der Fakten gestattet sein. Schließlich müssen wir auch berücksichtigen, daß die prozessuale Wahrheit nicht identisch ist mit der Wahrheit, die wir geläufig als Gegensatz der Dichtung kennen. Die prozessuale Wahrheit – so könnte man überspitzt sagen – ist Ausdruck anwaltlicher Dichtkunst. Bei ehrlicher Einschätzung müssen wir erkennen, daß damit nur die Fähigkeit des Anwalts gemeint ist, selbst für den Laien feststehende Tatsachen in Frage zu stellen und somit Zweifel zu wecken. Diese Fähigkeit aber muß im Sinne einer geordneten Rechtspflege unserer Wertschätzung sicher sein. Der elsässische Volksprediger *Thomas Murner* nennt diese Fähigkeit des Anwalts prosaisch »Ein Loch durchn Brieff reden«; den Anwalt läßt er von sich sagen:

> Das Recht tun sie so spitzig biegen
> Und kündens wo man will hin siegen
> So hilft kein bleier sigel dran,
> man bescheißt schier damit jedermann
> Derselbe fromm, redlich bidermann
> mit Gelt ein brieff durchreden kann

Wer will jedoch den Anwälten den ureigensten Charakter ihres Berufes, mit größtem Einsatz unsere Interessen zu vertreten, streitig machen. Die wortgewaltigen Fähigkeiten gehören zum Anwalt wie die Feder zur Tinte und bringen uns dem siegreichen Prozeßausgang wieder einen Schritt näher. Die Unerschrockenheit des Anwalts im Angesicht erdrückender Beweislagen hängt eng mit seiner Eloquenz zusammen, wie wir aus der folgenden Begebenheit entnehmen:

> Der Vorsitzende der Strafkammer fuhr den Angeklagten an: »Angeklagter, Sie sind überführt, vier Zeugen haben übereinstimmend ausgesagt, Sie gesehen zu haben, als sie die Perlenkette aus der Auslage genommen haben.« Der Anwalt des Angeklagten entgegnete ungerührt: »Herr Vorsitzender, das will nichts bedeuten. Wir können mindestens zwanzig Zeugen bringen, die es nicht gesehen haben.«

Wir dürfen auch schließlich nicht verkennen, daß der gemeinhin unter Wahrheit verstandene Begriff lediglich als ein Synonym für Unparteilichkeit angesehen wird. Eine strikte Unparteilichkeit des Anwalts würde ihn unweigerlich in standesrechtliche Konflikte führen, dem Gegner in die Hände arbeiten, dem Prozeß Hemmschuhe anle-

Burkhard
1985

gen und damit vieles von seiner Vitalität nehmen. Wir haben auch zu berücksichtigen, daß es nicht Aufgabe des Anwalts ist, eine allumfassende Darstellung der Geschehnisse zu geben. So gesehen, hat er überhaupt nur wenige sachliche Verpflichtungen, seine Berufung ist es, den wenigen Fakten eine ansehnliche Umhüllung zu geben. Alte erfahrene Anwälte sind sich dessen bewußt, wenn sie sagen:

> Vor Gericht kommt es ausschließlich darauf an, wie man auftritt und wie man spricht. Was man zu sagen hat ist hingegen nebensächlich, denn das Gericht will die Wahrheit selber finden.

Das Kernstück jeder klugen Prozeßführung ist und bleibt damit ein ausgefeiltes Plädoyer. Es bringt zur rechten Zeit die rechten Argumente in eine gefällige Form und kann dadurch Mandanten wie Richter gleichermaßen beeindrucken. Haben wir bislang nur von der anwaltlichen Pflicht gesprochen, so betreten wir jetzt den Bereich der anwaltlichen Kür. Der Jurist, der in öffentlichen Sitzungen auftritt, muß über die notwendige Überzeugungskraft seines Vortrags verfügen. Hinzutritt sein Vermögen, in ausweglosen, schwierigen Situationen einen kühlen Kopf zu bewahren und die gegenübersitzenden Richter nachhaltig zu beeindrucken. Ein Anwalt, der die Schwerpunkte seiner beruflichen Tätigkeit im Studium der Kommentare und Lehrbücher sieht, ist in diesem Stadium der Prozeßführung eher ein Hindernis, wie wir von *Abraham Sancta Clara* erfahren:

> ... sodann last einer sich schon für Hochgelehrt / Excellenz / als einen Doctor der Rechten titulieren / wann er gleich kein Recht kan außführen / und öfftermahls nöthig wäre / die Bücher mit sich vor Gericht zu nehmen / daß solche selbst reden möchten.

Der weltoffene Anwalt aber findet im Plädoyer die Erfüllung seiner schauspielerischen Begabung, die immer zweckgebunden, mit Mimik und Gestik die Suche nach dem Recht unterstreicht. Daß die Anwälte dabei ihre vornehme Zurückhaltung oftmals aufgeben, vermittelt uns *Piero Calamandrei*:

> Ihre Haare sind zersaust, das Gesicht verzerrt, aus der Tiefe ihrer Kehle kommt eine zornig erregte Stimme... Darf man also annehmen, daß sie in Trance fallen und aus ihrer leblosen Person der Geist irgendeines der Hölle entsprungenen Marktschreiers spricht?

Entsprechend der Zweckbestimmung des Plädoyers ist dabei nahezu alles erlaubt. Es wird berichtet, daß in den zwanziger Jahren während einer Strafverhandlung ein Anwalt sogar mit einer Kindertrompete blies[18], um eine Aussetzung der Verhandlung zu erreichen. Hinter einem derart plakativen Verhalten steht weder rechtsvergessene Kühnheit noch Unbesonnenheit, sondern allein das Bewußtsein, im guten Recht zu sein. Wir halten uns da an die Aussage des Rechtsanwalts *Johann Wolfgang Goethe*, der kategorisch erklärte:

> Wer das Falsche verteidigen will, hat alle Ursache, leise aufzutreten und sich zu einer feinen Lebensart zu bekennen. Wer das Recht auf seiner Seite fühlt, muß derb auftreten; ein höfliches Recht will gar nichts heißen.

Wenn man nun aber das richtige Rechtsanliegen vertritt, ist es auch zulässig, den Auftritt durch Einsatz der anwaltlichen Stimme zu unterstreichen. *Wieland* beschreibt beispielhaft einen solchen stimmgewaltigen Anwalt:

> Seine größte Kunst bestand darin, daß er um seinem wortreichen Vortrag durch die mannigfaltige Modulation seiner Stimme mehr Lebhaftigkeit und Ausdruck zu geben, in dem Umfange von anderthalb Oktaven von einem Intervall zum andern wie ein Eichhorn herumsprang und soviel Grimassen und Gestikulationen dazu machte, als ob er seinen Zuhörern nur durch Gebärden verständlich werden könnte.

Ein weiteres ausschlaggebendes Moment für einen wirkungsvollen Auftritt des Anwalts vor Gericht ist eine gemäßigte, würdevolle Kleidung und damit in erster Linie die Robe. Die Robe ist seit jeher mehr als ein nutzloses Textil – im Gegenteil: sie ist ein Symbol der streitigen Gerichtsverhandlung. Als schützender Umhang ist sie auch die Eintrittskarte für die Teilnahme am gerichtlichen Schauspiel. Zum Beleg hierfür soll eine Geschichte von *Johannes Pauli* nacherzählt werden:

> Ein kluger Mann, ein Doktor der Rechte, begab sich eines Tages mit einem armen Bauern, dem er in einem Rechtshandel beistehen sollte, in seinem alten Wams und ausgetretenen Schuhen zum Haus des Richters. Nachdem er an die Tür gepocht hatte, schaute der Gerichtsschreiber aus dem Fenster und fragte nach seinem rechtlichen Begehr. Indes rief der Richter aus der Stube: »Wie sieht er denn aus?« Der Gerichtsschreiber antwortete: »Einen zerrissenen Kittel, dreckigen Wams und ausgetretene

---

18 DRiZ 1969, 188.

Schuhe hat er an. Der andere sieht noch schlimmer aus.« Darauf sagte der Richter: »Sag Er ihm, der Richter hat zu tun und kann ihn nicht anhören.« Der Advokat dachte sich seinen Teil, ging heim, legte sein Amtsgewand an und kehrte zum Gericht zurück. Abermals schaute der Schreiber zum Fenster hinaus: »Ein Herr mit samtenem Gewand und auf dem Kopf ein Barett steht vor der Tür.« Der Richter ließ den Mann sofort hereinführen. Der Doktor trat in die Gerichtsstube und noch ehe er den Richter begrüßte, begann er seine seidenen Ärmel zu küssen. »Was küsst Ihr denn Euer Gewand?« frug der Richter. »Oh, es half mir, daß ich bei Euch vorgelassen wurde, mein Herr Richter! Darum ist es mir auch so lieb, denn als ich in meinem alten Kittel hier war, habt Ihr mich nicht angehört.«
Niemals wieder hat der Richter jemanden abgewiesen, nur weil er ein dreckiges Gewand trug.

Auch im Zuge allgemein-gesellschaftlicher Liberalisierung genießt die Robe unbeeinträchtigt große Bedeutung und gilt nach wie vor als Verkörperung anwaltlichen Standesbewußtseins. Eine Justiz, die auf gutsitzende Roben achtet, kann kein Verständnis für saloppe Alltagskleidung haben. Ohne korrekte Amtstracht – schwarze Robe, weiße Krawatte – sind die Äußerungen des Anwalts ein rechtliches Nullum. Dies hat das *Bundesverfassungsgericht*[19] deutlich ausgesprochen, als es einen Anwalt, der vom Vorsitzenden eines Landgerichts wegen seines Langbinders mit breiten weißen und blaßrosa Streifen als Prozeßbevollmächtigter zurückgewiesen worden war, beschied:

> Durch die Versagung der Entscheidung zur Sache entsteht dem Beschwerdeführer schon deshalb kein schwerer und unabwendbarer Nachteil, weil seine Zurückweisung in dem damaligen Termin folgenlos geblieben ist und weil er etwaige künftige Maßnahmen des Gerichts ohne unzumutbare Belastung durch Tragen eines weißen Langbinders abwenden könnte.

Der Anwalt – weit davon entfernt, als ein forensischer Dressman zu gelten – muß gleichwohl auf einen faltenreichen Sitz seiner Robe achten. Ansonsten ist er frei in der Wahl seiner Kleidung, sollte jedoch die engen Grenzen der Seriosität nicht überschreiten:

> In einer schwierigen wettbewerbsrechtlichen Streitigkeit erschien der Anwalt des Klägers im Reitanzug vor Gericht. Der Vorsitzende musterte ihn, zog die Augenbrauen hoch und diktierte der Protokollführerin in das

---

19 *BVerfGE* 34, 138 (139).

Verhandlungsprotokoll: »Für den Kläger erscheint Rechtsanwalt Müller zu Pferde.«

Die Kleidung kann also durchaus zum Mittler zwischen Richter und Anwalt werden, vorausgesetzt, daß korrektes Tragen einer schwarzen Robe signalisiert dem Richter die Unbedenklichkeit der anwaltlichen Erscheinung. Unter dem Blickwinkel eines eindrucksvollen Auftritts ist es auch nicht falsch, ein gewisses schauspielerisches Element mit in das gerichtliche Geschehen zu bringen. Selbst im Hinblick auf die juristische Seriosität sollte der Anwalt keine Skrupel hinsichtlich seines gerichtlichen Auftrittes kennen, arbeitet doch die Gegenseite ebenfalls nicht mit zimperlicher Einschränkung. *Ludwig Thoma* erleichtert uns hierfür den Beweis anzutreten, wenn er einen Staatsanwalt in dieser Situation vorführt:

> Eine Stunde vor Beginn der Sitzung legte er die Robe an und studierte vor dem Spiegel einige bedeutende Posen. Feierliche Abnahme des Barettes, Aufrichten zur ganzen Höhe der sittlichen Entrüstung und Ausstrecken der Fangarme.

Ein so geprobtes Verhalten setzt unvergeßliche Akzente, gräbt sich in das Bewußtsein aller Beteiligten und erobert das theatralische Element für den Bereich der Justiz. Wir müssen allerdings auch erkennen, daß eine gutgetragene Robe alleine nicht den Prozeßerfolg zu sichern vermag, obwohl sie dazu Erhebliches beitragen kann. Nach wie vor wird jedoch von den Gerichten in ernsthafter Weise eine Stellungnahme des Anwalts zu dem anstehenden Rechtsfall verlangt. Zwar ist nach den gesetzlichen Vorschriften die Gerichtssprache Deutsch, dies bedeutet jedoch nicht, daß man von dieser Sprache auch Gebrauch macht. Manche Anwälte begnügen sich mit einem beredten Schweigen; dies ist weniger Ausdruck eines inneren Ringens um den Fall, als eine natürliche rechtliche Sprachlosigkeit. Wir denken in diesem Zusammenhang nur an den spektakulären Fall der griechischen Hetäre Phryne, die angeklagt wegen Gottlosigkeit, nur dadurch freigesprochen wurde, daß ihr Anwalt Hypereides, anstatt eines wortreichen Plädoyers, ihren Busen entblößte. Man kann nicht ausschließen, daß der eine oder andere an einem solchen anwaltlichen Vorgehen Anstoß nehmen wird, doch muß er wissen, daß letztlich auch vor Gericht der Zweck die Mittel heiligt. Die Wohltat eines kurzen und prägnanten Plädoyers wird uns erst dann bewußt, wenn wir an die langwierigen, niemals enden wollenden und weitschweifigen Vorträge denken. Mitunter beschweren sich Gericht, Mandanten und gegnerische Anwälte über Fülle und Länge der im Plädoyer vorgetragenen Argumente und rechtlichen wie menschlichen Erwägungen. Schon die Antike kannte den Anwalt der zu allem Möglichen, nicht aber zur Sache selbst spricht. So verspottet der römische Dichter *Martial* den Advokaten Postumus:

> Nein, nicht um Mord, Gewalt, auch nicht Vergiftung,
> um drei Ziegen nur geht heut' mein Rechtstreit,
> die aber, so klag' ich an, entwandte mir mein Nachbar.
> Worüber den Beweis verlangt der Richter.
> Du jedoch bringst Cannä, den Krieg mit Mithridates,
> des Punischen Grimms Verrätereien,
> den Mucius, Marius und Sulla
> grell tönend vor, mit Deinem Mund und beiden Händen.
> Jetzt aber, sprich, Postumus, auch einmal von meinen Ziegen!

Zugegeben, es mag Fälle geben, bei denen ein stundenlanges Plädoyer notwendig und sinnvoll ist. Allerdings halten die meisten überlangen Vorträge dieser Anforderung nicht stand. Zu Recht wird daher der gegnerische Anwalt in den meisten Fällen die Überlänge rügen:

> In einer nur mittelmäßig schweren Rechtssache plädierte ein Anwalt mit verschlungenen Ausführungen ununterbrochen seit zwei Stunden. Schließlich machte er eine Pause, um ein Glas Wasser zu trinken. Dies rief den gegnerischen Anwalt auf den Plan, der seine Stunde für gekommen sah und nun die Beendigung des Plädoyers mit folgender Begründung beantragte: »Es ist rechtlich unzulässig, daß eine Windmühle, sobald ihr der Wind ausgeht, auch noch mit Wasser betrieben wird.«

Der juristische Ideenreichtum darf nicht dazu führen, daß Plädoyers zu überbordenden forensischen Arien werden, die niemals enden wollen und doch stets nur das gleiche angestrengt wiederholen. Es steht nirgendwo geschrieben, daß beeindruckende Eloquenz sich auf Langatmigkeit gründen muß. Im Gegenteil – kurze prägnante Einlassungen können mindestens ebensolchen, wenn nicht größeren Erfolg garantieren, wie die folgende Geschichte zeigt:

> Der berühmte Berliner Strafverteidiger Max Alsberg war an einem Tag mit drei Verteidigungen, die etwa alle zur gleichen Zeit terminiert waren, beschäftigt. So überlastet konnte er in der Betrugssache Reichenhagen natürlich nicht bei Aufruf der Sache erscheinen. Der Justizwachtmeister wurde nach ihm geschickt, konnte aber nur vermelden, der Anwalt sitze noch in Saal 148 in einer anderen Sache fest. Entsprechend seinen anwaltlichen Instruktionen erklärte der Angeklagte stets nur: »Ich bin un-

schuldig.« Nach zehn Minuten wurde der Wachtmeister erneut nach dem Anwalt Alsberg geschickt, kam zurück und meldete, der Anwalt sei in Saal 148 gerade beim Plädoyer, es werde vermutlich noch etwas dauern. In der Betrugssache Reichenhagen sah der Staatsanwalt den Angeklagten als überführt an und beantragte neun Monate Freiheitsentzug. Auch bei dem letzten Wort des Angeklagten war der Anwalt Alsberg noch nicht zugegen, sodaß sich der Delinquent wieder auf sein lapidares »Ich bin unschuldig« beschränkte. Das Gericht hatte sich gerade von den Sitzen erhoben, um sich zur Beratung zurückzuziehen, da erschien mit wehender Robe, erhobenen Händen und beredter Geste der Anwalt Alsberg. Durch die offene Saaltür rief er den Richtern nach: »§ 63 und § 84 Absatz drei und fünf.«
Der Angeklagte machte seinem Anwalt heftigste Vorwürfe, daß er ihn nicht ordnungsgemäß verteidigt habe. Als das Gericht nach zehn Minuten aus der Beratung zurückkehrte, verkündete der Vorsitzende Freispruch und führte als Begründung an: »Das Gericht hat sich den überzeugenden Ausführungen der Verteidigung angeschlossen.«

Angesichts dieses Beispiels richten wir an unseren Anwalt den guten Rat, sein Plädoyer in angemessener Kürze zu halten. Zwar wird niemals ein Richter ein langatmiges Plädoyer unterbrechen oder einem Anwalt ins Wort fallen, denn dies wäre unvereinbar mit der richterlichen Würde. Doch handelt es sich bei der richterlichen Würde um einen Zustand, den wir nicht unterschätzen sollten, entfaltet er doch gerade im Hinblick auf die Plädoyers unvermutete Wirkung:

Zwei Richter bei einem Landgericht unterhielten sich in einer Sitzungspause über die Eigenarten ihrer beruflichen Tätigkeit. So kam ihr Gespräch auch auf die richterliche Würde, der ältere der beiden Richter hielt gar nichts von der Qualität dieses Zustandes und sagte zu seinem jüngeren Kollegen: »Der Gipfel richterlicher Würde ist doch nur das Vermögen, einem Anwalt ununterbrochen drei Stunden lang in die Augen zu blicken, dabei aber kein Wort, von dem was er sagt, zu hören.«

Richtig ist, daß wir die Geduld und Aufnahmefähigkeit der Richter nicht überschätzen sollten. Auch sie gelangen an natürliche Grenzen und der über ein bestimmtes Maß hinausgehende Vortrag ist nur noch ein rechtlicher Nebel. Einen diesbezüglichen Fingerzeig vermittelt »Das A-B-C des Angeklagten« 1929, das uns wertvolle Aufklärung bietet:

Langatmige Erklärungen ermüden, Ermüdung aber lähmt die gesunde Urteilskraft, deren Deine Richter so sehr bedürfen.

Es ist eine hinreichend bekannte Tatsache, daß Richter nicht immer mit der notwendigen Aufmerksamkeit dem Geschehen folgen, wie auch der *Bundesgerichtshof*[20] 1981 feststellen mußte:

> Danach fiel dem Richter auf, daß drei Zuschauer kicherten. Aus ihren Blicken konnte er entnehmen, daß der Grund für ihre Heiterkeit in der Person des neben ihm sitzenden Schöffen *R* lag. Der Richter wandte sich dem Schöffen zu und beobachtete, daß dessen Kopf mit geschlossenen Augen und leicht geöffnetem Mund locker nach vorn geneigt war. Er weckte ihn mit einem Rippenstoß.

Der schläfrige Richter ist eine sich durch das gesamte Justizwesen ziehende, bedauerliche Erscheinung, mit der wir notgedrungen umzugehen haben. Es ist eine beständige Auffassung, daß manche Richter während einer Verhandlung mit allem anderen, nur nicht mit dem Prozeßgegenstand beschäftigt sind, wie wir auch einer Darstellung der Gerichtssitzung von *Wieland* entnehmen:

> Die meisten standen auf, guckten zum Fenster hinaus oder gingen weg, um in einem Nebenzimmer Kuchen oder kleine Bratwürste zu frühstükken, oder machten einen fliegenden Besuch bei einer guten Freundin; und die wenigen, welche sitzenblieben und einigen Anteil an der Sache zu nehmen schienen, hatten alle Augenblicke etwas mit ihrem Nachbarn zu flüstern oder schliefen wohl gar über dem Zuhören ein.

Das Problem der Aufmerksamkeit von Richtern hat eine umfangreiche Fallrechtsprechung geschaffen, und es ist ein äußerst merkwürdiges Sittengemälde, das sich vor unseren Augen in den Gerichtssälen entfaltet:

> Richter seufzen sichtbar, kämpfen mit dem Schlaf, geben häufig oder wenigstens bald nacheinander Schnarchlaute von sich, ein Vorsitzender unterhält sich aufgeregt mit dem beisitzenden Assessor, es wird wiederholt eingenickt und sich ruckartig aufgerichtet, laute Atemzüge sind vernehmlich, der Oberkörper wird nach hinten gelegt, der Kopf wird hängengelassen, die Augen werden geschlossen gehalten, Einschlafen wird nur durch Aufstützen des Kinns auf eine Bleistiftspitze verhindert, Richter lassen ungewollt den Kopf auf den Richtertisch fallen, haben die Ange-

---

20 NStZ 1982, 41. Zu unaufmerksamen Richtern vgl. ferner *RGSt* 60, 64; RG JW 1932, 2888; *BVerwG*, ZBR 1982, 30; *BVerwG*, DöV 1972, 324; 1961, 275; *BVerwG*, NJW 1981, 413; 1966, 467; 1962, 2212; *BVerwG*, DRiZ 1973, 358; Buchholz § 138 Nr. 17; Buchholz § 133 Nr. 21; *BFH*, DB 1967, 1617; *BGHSt* 2, 15; *OVG Lüneburg*, DRiZ 1974, 194; vgl. ferner FAZ v. 11.1.1985.

wohnheit, sich auch während einer Sitzung hin und wieder ein Haar auszurupfen, dies dann zu betrachten, in der Nase zu bohren oder sich mit dem Finger ins Ohr zu fahren.

Im Hinblick auf prozessuale Konsequenzen sind diese Feststellungen ohne größere Bedeutung. Jedenfalls wird man mit der Behauptung, der Richter habe dem Vortrag des Rechtsfalles nicht folgen können, immense Schwierigkeiten haben. Die Ursache hierfür liegt darin begründet, daß im Zusammenhang mit Richtern von einem wirklichen Schlaf nicht gesprochen werden kann, wie wir von *Kurt Tucholsky* hören, der das Problem in den Bereich der Belanglosigkeit verweist:

> Oft ruhen die Beisitzer, im Unendlichen verloren, und lassen sich still im Gang der Verhandlung dahertreiben. Es kommt auch vor, daß einer von ihnen, der innern Sammlung wegen, sanft die Augen schließt.

Wir sehen, daß wir von übermüdeten, gelangweilten und überbeanspruchten Richtern eine Beeinträchtigung unserer Rechtssuche nicht zu befürchten haben. Ermüdung und Schlaf sind im Bereich der Gerichtsbarkeit nur eine andere Form erhöhter Konzentration. Die Richter weisen den Vorwurf der Voreingenommenheit oder Interesselosigkeit jedenfalls weit von sich:

> Im Verlauf eines erbittert geführten Rechtsstreites sagte der Beklagte vor Gericht, er lehne den entscheidenden Senat wegen Befangenheit ab. Dem Vorsitzenden Richter blieb nichts anderes übrig, als ihm empört zu entgegnen: »Der Antrag wird zurückgewiesen. Wir schauen nicht nach rechts und nicht nach links, wir sind weder befangen, noch unbefangen.«

Von einem solchen Irrtum ist unsere Gerichtsbarkeit frei. Sie mag eitel und leicht kränkbar, schläfrig und gelangweilt sein, eines ist sie mit Sicherheit nicht – in irgendeiner Weise voreingenommen oder befangen. Wir konnten im Verlauf unserer Betrachtung das Phänomen der prozessualen Wahrheit, das Textil der Robe, die Theatralik des Plädoyers und den Schlaf der Richter kennenlernen, und wissen, daß hiervon keine Gefährdungen für unseren Prozeß ausgehen. Ruhigen Herzens können wir unsere Geschicke also in die Hände vertrauenswürdiger Richter legen.

VIII. Wenn zwei sich streiten – Prozeßverschleppung und die Trägheit der Justiz

Es ist gut zu wissen, daß die Rechtsanwälte sich in der überwiegenden Zahl der Fälle dem uneingeschränkten Kampf ums gute Recht verschrieben haben. Fast immer sind sie sich einig in ihrem gemeinsamen Anliegen der Durchsetzung des Rechts für die Mandanten. Daß diese Interessen womöglich gegenläufig sind, wird von den Anwälten als ein notwendiger, unabwendbarer Tatbestand in Kauf genommen, aber nicht als nennenswerte Einschränkung ihrer Tätigkeit gewertet. So kann es uns passieren, daß wir – noch auf dem Gerichtsflur auf den Beginn unserer Verhandlung wartend – das etwa folgend geführte Gespräch zweier Anwälte mitanhören können:

Ein Anwalt sagte zu dem anderen: »Ehrenwerter Kollege, Sie werden in der Rechtssache heute gegen mich genau dasselbe vorbringen, wofür ich vor drei Wochen in einem gleichgelagerten Fall plädiert habe. Ich werde Ihnen auch dasselbe antworten, was Sie mir damals vorgeworfen haben. Nötigenfalls können wir uns gegenseitig soufflieren.«

Dieses von *Honoré Daumier* mitgeteilte Gespräch darf uns allerdings nicht in Unruhe versetzen. Bei genauer und differenzierter Betrachtung sehen wir, daß es sich nicht um eine Verkehrung oder gar das Ausspielen der Mandanteninteressen gegeneinander, sondern um eine den Prozeß erleichternde Arbeitsweise handelt. Die Auswechselbarkeit rechtlicher Positionen gehört zu den wenigen unverständlichen Randerscheinungen der Rechtssuche. Dabei ist es ein allen Beteiligten offenkundiges Geheimnis, daß der Anwalt nicht einer bestimmten Rechtssache, sondern nur der Gerechtigkeit verpflichtet ist. Daß er diese Verpflichtung einmal für diesen, einmal für jenen Mandanten ausübt, ist weder verwerflich, noch sonst irgendwie zu beanstanden. Um uns in diese Situation zu vertiefen, wollen wir eine Geschichte von *James Rousseau* über den Anwalt *Robert Macaire* hören:

Er weilt in seinem Arbeitszimmer, wo er gerade mit den Akten eines Prozesses beschäftigt ist, der demnächst zur Verhandlung ansteht. Ein Unbekannter betritt den Raum und stellt sich vor: »Monsieur«, sagt er zu *Macaire*, »ich ersuche Sie, mir in einem Rechtsstreit, von dessen Ausgang mein ganzes Vermögen abhängt, Ihre Unterstützung gewähren zu wollen.«

»Recht gern, Monsieur, aber nur wenn Ihre Ansprüche gerecht sind, denn je mehr mein Wort in die Waagschale fällt, je größeren Einfluß ich auf den Richter ausübe, um so mehr muß ich darauf bedacht sein, meine Kraft nur dem Recht und dem Unglück zu leihen, bin ich doch der geborene Verteidiger der Witwen und Waisen, Monsieur, ich bin ihr geborener Beschützer.« Während dieser Erklärung hat der Mandant seine Papiere auf dem Schreibtisch des Anwalts ausgebreitet und zwei Tausendfrankenscheine hinzugefügt; er verabschiedet sich mit der Maßgabe am nächsten Tag die Meinung des Anwalts über den Fall zu vernehmen. Er ist gerade gegangen, da wirft *Macaire* schon einen Blick in die Papiere und es stellt sich heraus, daß der Prozeßführer der Gegner des Mannes ist, dessen Akten er soeben geprüft hat und dem er vor Tagen schon seinen Beistand versprochen hatte. Nun ja, der erste hat ihm nur 1500 Franken gegeben, der andere dagegen hat ihn mit 2000 geehrt. Kein Zweifel, die Vernunft, das Recht, die Gerechtigkeit, die Ehrlichkeit sind auf der Seite des ersteren. Aber flugs dreht und wendet er die Argumente, die er für den ersteren ausgetüftelt hat und passt sie den Ansprüchen des zu 2000 Franken an. Als es zur gerichtlichen Verhandlung kam, häufte *Macaire* Phrasen auf Phrasen, Gründe auf Gründe und verlor doch den Prozeß – zum großen Erstaunen seines Klienten, aber nicht zu seinem eigenen, wußte er doch wie schlecht es um dessen Sache stand; was ihn aber auch nicht gehindert hatte, dem Gegner, seinem ersten Klienten, während der gesamten Verhandlung Unaufrichtigkeit und Unehrlichkeit vorzuwerfen.

Nein, der Anwalt *Robert Macaire* mag sich vorübergehend an irdischen Interessen orientiert haben, unser Bild vom Anwaltsberuf vermag er nicht zu zerstören. Bei Gericht – wie in allen anderen Bereichen erheblicher menschlicher Entscheidungsfindung – gilt, daß die äußeren Umstände hierfür angenehm sein sollen, nicht zuletzt, um eine wirklich zutreffende Rechtsfindung zu gewährleisten. Die jahrhundertelange Prozeßerfahrung erkennt dieses Problem zutreffend, wenn sie verkündet:

> Wer das Recht denkt recht zu führen, muß die Räder reichlich schmieren.

Auch ein moralisch so unverdächtiger Autor wie *Johannes Pauli* nimmt in seinem Buch »Schimpf und Ernst« 1522 keinen Anstoß an dem engen Verhältnis zwischen Geld und Gerechtigkeit:

> Also nehmen die Richter und Fürsprecher Gaben und sind Zungenkrämer, und sie rühmen sich, sie wollten Geld von einem nehmen und eine Sache gewinnen helfen, und danach wollen sie wiederum Geld von ihm nehmen und ihm die Sache wiederum gewinnen helfen, und in ein jegliches Schriftstück wollen sie ein Loch reden.

Der erfahrene Prozeßstratege nimmt eine solche Erkenntnis mit Genugtuung auf und sieht das Geld als eine wesentliche Zutat, um die Prozeßhefe zum Gären zu bringen. Er weiß – ähnlich wie *Abraham Sancta Clara* – was den begonnen Prozeß in Schwung hält:

> Ich führ' Process schon lange Jahr,
> Davon mir wachsen graue Haar!
> Der Richter nimt sein deputat
> Das Recht verkehrt mein Advokat.
> Von oben ab, biß an die Sohl
> Wan ich sie schmier, so fahr ich wohl.

Dies hat nichts zu tun mit unzulässiger Einflußnahme, sondern belegt einmal mehr, daß unser Prozeß einer ständigen, unablässigen Pflege durch den Anwalt bedarf. Es kann aber von unserem Anwalt nicht verlangt werden, daß er sich wegen einer Rechtssache mit seinen Anwaltskollegen verfeindet oder in unversöhnliche Zwistigkeiten mit ihnen gerät. Dies wäre weder der Rechtssache zuträglich, noch würde es das Vertrauen in die Anwaltschaft fördern. Im Prozeß scheinen die Anwälte so die erbittertsten Feinde zu sein, nach Beendigung der Sache pflegen sie jedoch freundschaftlichen Verkehr miteinander. In diesem Stück Unbegreiflichkeit wird der folgende Ausspruch seine Ursache haben:

> Advokaten sind wie die Klinge einer Schere. Gegenseitig tun sie sich niemals weh. Nur wer dazwischen kommt, muß sich hüten.

Dahinter steht die illusorische Vorstellung der Laien, daß die Prozeßparteien zum Spielball der Anwälte werden könnten. Diese Vorstellung ist ebenso übertrieben wie falsch, denn gute Anwälte – und nur mit solchen haben wir es zu tun – schöpfen ihren Lustgewinn aus dem Prozeßsieg, nicht jedoch aus der Unbeholfenheit und Unerfahrenheit ihrer Klienten. Woher eine solche Vorstellung kommt, können wir ahnen, wenn wir eine Geschichte von *Christoph Martin Wieland*, der in Tübingen Jura studierte und deswegen wußte von was er sprach, hören:

> Der Prozeß betraf einen Streit zwischen den Besitzern zweier Grundstücke in der Stadtflur über das Eigentumsrecht an einem zwischen beiden gelegnen kleinen Hügel, der ungefähr fünf oder sechs Schritte im Umfange betrug und im Verlauf der Zeit aus etlichen zusammengeflossenen Maulwurfshaufen entstanden sein mochte. Tausend kleine Nebenumstände hatten nach und nach eine so heftige Erbitterung zwischen den beiden im Streite befangenen Familien erregt, daß jeder Teil entschlossen war,

lieber Haus und Hof als sein vermeintes Recht an diesen Maulwurfshügel zu verlieren. Die Justiz wurde dadurch in eine desto größere Verlegenheit gesetzt, da Beweis und Gegenbeweis von einer so ungeheuern Kombination unendlich kleiner, zweifelhafter und unaufklärbarer Umstände abhing, daß nach einem Prozeß von fünfundzwanzig Jahren die Sache nicht nur der Entscheidung nicht um einen Schritt näher gekommen, sondern im Gegenteil gerade fünfundzwanzigmal verworrener geworden war als anfangs. Wahrscheinlicherweise würde sie auch nie zu Ende gebracht worden sein, wenn sich nicht beide Parteien endlich gezwungen gesehen hätten, die Grundstücke, zwischen welchen das Objectum litis lag, mit allen Zubehören, Gerechtsamen und Ansprüchen, worunter auch das im Streite befangene Recht an dem Maulwurfshügel war, ihren Anwälten für Prozeßkosten und Advokatengebühren abzutreten. Denn nunmehr verglichen sich die Advokaten noch selbigen Tages in Güte, dieses Hügelchen der großen Themis zu heiligen, einen Feigenbaum darauf zu pflanzen und unter denselben auf gemeinschaftliche Kosten die Bildsäule besagter Göttin aus gutem Föhrenholz, mit Steinfarbe angestrichen, setzen zu lassen. Auch wurde festgesetzt, daß die Besitzer beider Grundstücke zu ewigen Zeiten schuldig sein sollten, besagte Bildsäule nebst dem Feigenbaume gemeinschaftlich zu unterhalten. Gestalten denn auch beide, und zwar der Feigenbaum in sehr ansehnlichen, die Bildsäule aber in sehr verfallenen und wurmstichigen Umständen, zum ewigen Gedächtnis dieses merkwürdigen Handels zu sehen waren.

Das bittere Ende für die Parteien beruhte hier nur auf ihrer Uneinsichtigkeit und Streitsucht. Daß die beteiligten Anwälte hieraus das Beste zu machen suchten, kann ihnen kein gerechtigkeitsliebender Mandant verdenken. So kann es geschehen, daß der prozessuale Übermut der Parteien eine Situation schafft, in der beide angeschlagen aus einem Prozeß hervorgehen, wie in dem nun folgenden Fall aus dem Buch »Der lustige Teutsche«:

Ein als geizig verschriener Kaufmann hatte ein Stück Tuch erworben und wollte sich hieraus bei einem Schneider einen Mantel machen lassen. Er fragte, ob das Tuch für den Mantel ausreiche; als der Schneider dies bejahte, fragte er, ob das Tuch denn auch für zwei Mäntel ausreiche, was der Schneider wiederum bejahte; als dieser es dann auch noch für möglich hielt, daß man daraus drei Mäntel herstellen könne, war's der Geizhals zufrieden und gab den Auftrag. Am Tag, als er die Mäntel abholen sollte, erschrak er, denn er sah, daß die Mäntel zwar wie bestellt fertig waren, es sich jedoch um drei winzig kleine Mäntel handelte, die noch nicht einmal für ein Kind ausgereicht hätten. Als der Schneider den Lohn verlangte, weigerte sich der Kaufmann und verlangte seinerseits Schadenersatz für das zerschnittene Tuch. So blieb ihnen nichts anderes übrig, als in dieser Sache die Hilfe der Richter in Anspruch zu nehmen. Nach dem Recht mußten diese sowohl den Schneider als auch den Kaufmann verurteilen. Den Schneider verurteilten sie aufgrund seines aberwitzigen Spasses zum Verlust seines Macherlohnes, den Geizhals zum

Verlust des verlangten Schadenersatzes, da der Schneider auch in den Augen der Richter seinen Auftrag wörtlich erfüllt hatte.

Es liegt in der Eigenart der Prozeßführung begründet, daß bei wirklich leidenschaftlich ausgetragenen Streitigkeiten zwischen zwei Parteien zwar nicht gerade regelmäßig, aber immerhin häufig genug, Dritte die Nutznießer sind. Wir müssen diese Tatsache als eine unangenehme, aber auch unvermeidliche Begleiterscheinung der Prozeßführung würdigen und uns zunächst einmal damit abfinden. Gleichwohl ist es ein Trugschluß, wenn die Ursachen hierfür den materiellen Interessen der Anwälte in die Schuhe geschoben werden. Es ist aber eine tiefverwurzelte Vorstellung, daß es sich bei Anwälten um geldgierige Zeitgenossen handelt, wie auch die folgende Geschichte zeigt:

> Ein Reisender fuhr zum ersten Mal mit dem Schiff zur See, als er im offenen Meer einen Hai sah und einen der Deckleute erstaunt nach dem Namen des Fisches fragte. Der Matrose antwortete: »Ich weiß nicht, wie man das Tier auf dem Festlande nennt, wir heißen's Seeadvokaten.«

So wie der Anwalt mit verlorenen Prozessen unweigerlich in enge Verbindung gebracht wird, verknüpft man mit ihm auch die Vorstellung übergroßer Honorarforderungen:

> Ein Mann wurde einst verklagt, weil er angeblich als Anwalt aufgetreten war, ohne zugelassen zu sein. Die Klage war ihm völlig unverständlich und er erwiderte: »Ich mache doch nichts weniger als einen Anwalt, denn erstens gewinne ich meine Prozesse wirklich und dann lasse ich mir dafür auch keinen Heller zahlen.«

Unser mandantenfreundliches Standesrecht verbietet den Anwälten jeden wie auch immer gearteten finanziellen Nutzen aus einer Rechtssache. Das Honorar des Anwalts ist lediglich eine seinen Anstrengungen gerecht werdende Aufwandsentschädigung, er vermag dadurch keine Reichtümer zu erwerben. In aller Regel sind seine Honorarabrechnungen angemessen und berücksichtigen die besonderen Schwierigkeiten des übernommenen Falles:

> So schrieb einmal ein Anwalt auf eine Honorarabrechnung: »Einen Taler dafür, daß ich nachts zweimal aufwachte, um über den Prozeß nachzudenken, einen weiteren Taler wegen Zeitversäumnis, als ich mit dem Herrn Kläger zu Mittag essen mußte.«

Ungeachtet berechtigter Honorarforderungen kann – das sollten wir der Vollständigkeit halber sehen – ein Prozeß erhebliche Vermögenseinbußen mit sich bringen. Indem wir uns auf ein Wagnis eingelassen haben, das ab einem bestimmten Zeitpunkt weder den Regeln der Vernunft noch der horoskopischen Vorhersage zugänglich ist, haben wir konsequenterweise auch die Schattenseiten der Prozeßführung zu spüren. So heißt die Inschrift an dem Rathaus des mittelalterlichen Braunschweig nicht umsonst:

> Rechten / Spielen / und Bauen / Bürg werden und trauen;
> Buhlen und Naschen / machen tolle Köpff und leere Taschen

Alleine zutreffend ist, daß in einer verschwindend geringen Zahl von Fällen der Prozeß weniger einbringt als er kostet. Soweit die Befürchtung des gänzlichen Vermögensverlustes angesprochen ist, wissen wir, daß es sich dabei nur um eine unüberlegte Angst der Rechtslaien vor der prozessualen Auseinandersetzung handelt. Eine solche Sichtweise kann in der Rechtsverfolgung auch nur seelische und finanzielle Katastrophen entdecken und weist vorsorglich – diesesmal allerdings zutreffend – darauf hin, daß das Paragraphenzeichen nicht umsonst seinen Ursprung als Symbol in der griechischen Tragödie hat. Die falsche Vorstellung, Anwälte seien darauf aus, sich an dem Vermögen ihrer Mandanten zu vergehen, hängt eng zusammen mit der Befürchtung, sie seien an einer möglichst langen Prozeßdauer interessiert. Eine solche Warnung entnehmen wir der »Abrahamischen Lauberhütt« des *Abraham Sancta Clara*:

> Die ungerechte Advocaten seynd nicht ungleich jenem Vogl Caprimulgus oder Nachtraum genannt. Dieser Vogl schleicht bey der Nacht unter die Heerd der Gaissen, und in dem sie ruhen, saugt er ihnen die Milch bis auf das Blut aus; solche Gaissmelcker seyn bisweilen einige Advocaten, die den Proceß ehender nicht zu End bringen bis der armen Clienten Beutl völlig leer; alsdann dringen sie auf einen gütigen Vergleich. Etliche Advocaten seynd fast wie die Kameel, welches, bevor es aus dem Bach trinket, mit dem Fuß das Wasser trüb machet.

Vereinfacht drückt diese Problematik der Philosoph *Arthur Schopenhauer* aus, der die Unterscheidung zwischen Arzt und Jurist danach treffen wollte, ob sie kurzen oder langen Prozeß machen. Der Mythos der Prozeßverschleppung durch die beteiligten Juristen ist ebenso alltäglich wie falsch. Stets lassen sich vernünftige Gründe für die verlängerte Dauer eines Rechtsstreites finden. Nicht immer ist die Prozeßverzögerung so offenkundig mißbräuchlich wie in dem Fall, den *Ludwig Thoma* in seinen »Erinnerungen« beschreibt:

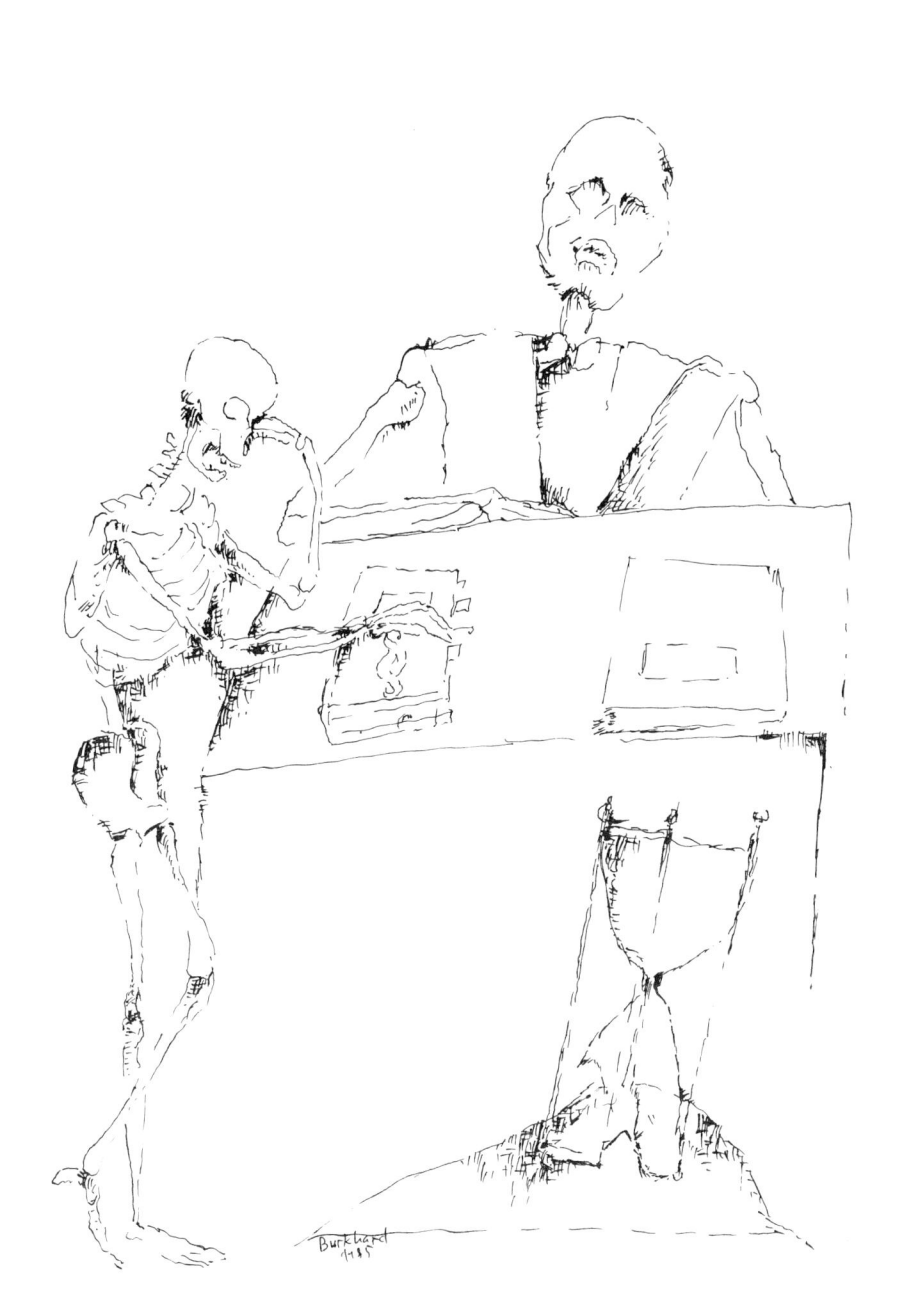

In den Zivilverhandlungen lernte ich die Dehnung der Bagatellsachen durch Advokaten kennen. Wie lange konnte sich ein Prozeß um zwanzig Mark hinschleppen! Wie bald verschwand die Streitsumme neben den Kosten der Zeugen, Sachverständigen und Anwälte, womöglich gar eines Augenscheines! War man endlich ans Ziel gelangt, nämlich dahin, daß es den Streitenden zu dumm wurde, dann stellte sich heraus, daß die Brühe viel teurer geworden war als der Fisch, und aus Scheu vor den Kosten prozessierte man weiter, bis es den Streitteilen abermals zu dumm wurde. Wenn zuletzt der Amtsrichter und die beiden Anwälte gemeinsam den Geist der Versöhnlichkeit heraufbeschworen, kam er mit einer langen Rechnung, und die Parteien mußten sein verspätetes Eintreffen beklagen.

Was hier geringschätzig als Advokatenkniff erläutert wird, ist in der alltäglichen Rechtswirklichkeit das aufopferungsvolle Bemühen um rechtliche Gründlichkeit und tatsächliches Durchdringen des Rechtsfalles. Oftmals haben auch die Mandanten ein hohes Maß von Verantwortung für eine lange Prozeßdauer zu tragen. Durch unklare und verworrene Schilderungen, die sie den Anwälten über ihren Rechtsfall geben, tragen sie am wenigsten zu einem beschleunigten gerichtlichen Verfahren bei. Dennoch muß eingeräumt werden, daß es auch Juristen gibt, die in der aufgedrängten Verlängerung des Prozesses Möglichkeiten einer finanziellen Gesundung erblicken. Nur solche Juristen kann *Knigge* gemeint haben, als er schrieb:

Ihr barbarischer Stil, ihre bogenlangen Perioden, ihre Gabe, die einfachste, deutlichste Sache weitschweifig und unverständlich zu machen, erfüllt jeden, der Geschmack und Gefühl für Klarheit hat, mit Ekel und Ungeduld. Wenn Du auch nicht das Unglück erlebst, daß Deine Angelegenheit einem eigennützigen, parteiischen, faulen oder schwachköpfigen Richter in die Hände fällt, so ist es schon genug, daß Dein oder Deines Gegners Advokat ein Mensch ohne Gefühl, ein gewinnsüchtiger Gauner, ein Pinsel oder ein Schikaneur sei, um bei einem Rechtsstreite, den jeder unbefangene gesunde Kopf in einer Stunde schlichten könnte, viele Jahre hingehalten zu werden, ganze Zimmer voll Akten zusammengeschmiert zu sehen und dreimal so viel an Unkosten zu bezahlen, als der Gegenstand des ganzen Streits wert ist, ja am Ende die gerechteste Sache zu verlieren und Dein offenbares Eigentum fremden Händen preiszugeben. Da wird die gegründetste Forderung wegen eines kleinen Mangels an elenden Formalitäten für nichtig erklärt. Da muß der Ärmere sich's gefallen lassen, daß sein reicherer Nachbar ihm sein väterliches Erbe entreißt, wenn die Schikane Mittel findet, den Sinn irgendeines alten Dokuments zu verdrehen, oder wenn der Unterdrückte nicht Vermögen genug hat, die ungeheuren Kosten zur Führung des Prozesses aufzubringen. Da lassen Professoren Urteile über Gut und Blut durch ihre unbärtigen Schüler verfassen und geben demjenigen Recht, der das Responsum bezahlt – doch was helfen alle Deklamationen, und wer kennt nicht diesen Greuel der Verwüstung?

Die in dieser Beschreibung genannten Praktiken sind uns inzwischen längst vertraut und wir wissen, daß unser Rechtsvertreter davon keinen Gebrauch machen wird. Es wird dem Anwalt unmöglich sein, aus einer verlängerten Prozeßdauer irgendeinen materiellen Vorteil zu ziehen. Im übrigen ist er stets darauf bedacht, einen Rechtsstreit unverzüglich zu Ende zu bringen. Die hervorragenden Qualitäten unseres Anwalts erkennen wir nicht an einem lange dauernden Prozeß, sondern daran in welcher Kürze er von ihm zu Ende gebracht wird. Wir dürfen aus Gründen der vollständigen Darstellung nicht unterschlagen, daß es komplizierte und problematische Rechtsfälle geben kann, die einfach nur in der nötigen Ruhe und Gelassenheit bis in ihre letzte ungelöste Ecke ausgeleuchtet werden können. Schließlich ergibt sich auch in Einzelfällen die Notwendigkeit für uns, daß wir den Prozeß im Hinblick auf einen sicheren Ausgang verzögern müssen. Mitunter ist die erfolgreiche Rechtsverfolgung nur gewährleistet, wenn wir unserem Gegner eine lange Prozeßdauer androhen. Der Dichter *Jean Paul* erläutert die Hintergründe dieser Methode:

> Eine Schande ist es für unsere Justiz, daß ein redlicher, rechtlicher Beistand so viele Gründe, ich möchte sagen Lügen, aufsetzen muß, eh' er die kleinste Notfrist erficht; er muß sagen, seine Kinder und seine Frau seien todkrank, er habe Fatalien und tausend Arbeiten und Reisen und Krankheiten; indes es hinreichen sollte, wenn er beibrächte, daß die Verfertigung der unzähligen Fristgesuche, mit denen er überhäuft sei, ihm wenig Zeit zu andern Schriften belasse. Man sollte einsehen, daß die Fristgesuche offenbar wie andere Gesuche auf die Verlängerung des Prozesses hinarbeiten, wie alle Räder der Uhr bloß zur Hemmung des Hauptrades ineinander greifen. Ein langsamer Pulsschlag verkündigt nicht nur in Menschen, sondern auch in Rechtshändeln ein langes Leben. Ich denke, ein Advokat, der Gewissen hat, nötigt gern, solang er kann, nicht sowohl dem Prozesse seines Klienten – diesen schlöss' er sogleich, könnt' er sonst – als dem seines Gegners ein ausgedehntes Leben auf, um den Gegner teils heimzusuchen, teils abzuschrecken, oder um ihm ein günstiges Urteil, wofür niemand stehen kann, von Jahr zu Jahr zu entrücken...

Die Verzögerung und Verschleppung des anhängigen Rechtsstreites kann somit für uns zu einem notwendigen prozessualen Überlebensmittel werden. Um dem eigenen Prozeßsieg einen Schritt näher zu kommen, darf uns kein Mittel zu abwegig sein, auch wenn wir das obsiegende Urteil damit auf unabsehbare Zeit hinausschieben.

Eine Ursache für überlange Prozesse muß schließlich auch in dem – wie *Georg Christoph Lichtenberg* meinte – »Phlegma der Justizpflege« gesucht werden. In der Trägheit und Schwerfälligkeit der nur sehr schwer beweglichen Justiz liegt bestimmt einer der Gründe, warum wir oft so lange auf ein Urteil warten müssen. *Friedrich II.*[21] konnte diesen Vorwurf noch mit folgender Argumentation von der Gerichtsbarkeit abwenden:

> Es verursache große Verzoegerungen bey der Justiz, daß Acta an auswaertige Universitäten verschicket worden wo merentheils schlechte, und in praxi unerfahrene Professores sich befinden, und von welchen so viel Nullitaet begangen worden.

Da sich jedoch der Einfluß der akademischen Gelehrten gegenwärtig nicht mehr unmittelbar in den gerichtlichen Urteilen niederschlägt, kann die Justiz eine derartige Entschuldigung für ihre Trägheit nicht beanspruchen. Ungeachtet dieser Situation gilt für die Parteien nach wie vor der Grundsatz:

> Pauvre Plaideur prenez patience – Armer Prozeßführer sei geduldig.

Alleine deswegen müßte man Sympathie und Verständnis für den Mann in der folgenden Geschichte haben:

> Ein armer Bauer führte einen einzigen Prozeß, der schon über zwanzig Jahre bei Gericht anhängig war. Als er schließlich alle Hoffnung aufgegeben hatte, ordnete er in seinem Testament an: »Falls ich noch vor der endgültigen Entscheidung des Gerichts aus der Welt scheiden muß, so bitte ich, mir eine beglaubigte Abschrift des Urteils unverzüglich in die andere Welt nachzuschicken.«

Vielleicht sollten wir aber auch nur die Bereitschaft für ein anderes Zeitgefühl im Bereich der Rechtsverfolgung entwickeln. Wenn wir hören, daß eine im Jahre 1568 beim Reichskammergericht in Speyer anhängig gemachte Klage 102 Jahre bis zu ihrer Entscheidung brauchte[22], und die unterlegene Prozeßpartei – die Stadt Essen – gegen das Urteil in Berufung ging, so wird uns jedenfalls ein langer Atem für unseren Prozeß nahegelegt. Wir sind dennoch gut be-

---

21 Friedrich der Große und die Juristen in: DRiZ 1968, 76; 1967, 5; 1974, 385.
22 AnwBl 1983, 145.

raten, ein mittleres Maß vernünftiger Prozeßdauer gewöhnlich nicht zu überschreiten. Die fortgesetzte Beschäftigung des Richters mit der Rechtsmaterie kann zu einem Weniger an Klarheit und zu einem Mehr an Verwirrung führen. So hat unlängst in einem Rechtsstreit an einem deutschen Amtsgericht – da bei Aufruf der Sache niemand erschien – der Richter den Verkündungstermin letztmalig verlegt[23]. Als Begründung hierfür gab er an:

> Denn die Sache wird für den Richter, je länger er sich in sie vertieft, rein rechtlich immer schwieriger.

Wenn schließlich der Prozeßstoff den Zustand der Entscheidungsreife erlangt hat, obliegt dem Richter die Aufgabe der Rechtsfindung. Wann dieser Zustand vorliegt, entnehmen wir einer Bemerkung von *Georg Christoph Lichtenberg*:

> Da ich nunmehr die Sache, wie mich dünckt, juristisch gewendet und gedreht habe, daß ich selbst nicht mehr weiß, wo ich bin... so muß sie billig für entschieden geachtet werden.

Will der Richter aber einer schwierigen Entscheidung aus dem Weg gehen, sich die Sache leicht machen und den nach allen Seiten hin erörterten Rechtsfall abschließen, so bleibt ihm regelmäßig nur der – meist zum Scheitern verurteilte – Versuch, die Parteien zu versöhnen. Mancher Vorsitzende ist dadurch zu einem Vergleichsrichter geworden, wie ihn *Christoph Martin Wieland* vorführt:

> Bei allen diesen Verdiensten hatte der gute Philipides nur einen einzigen kleinen Fehler, und der war, daß sooft zwei Parteien vor ihn kamen, ihm allemal derjenige Recht zu haben schien, der zuletzt gesprochen hatte. Indessen hatte doch der Umstand, daß dem ehrlichen Manne immer beide Parteien Recht zu haben schienen, natürlicherweise die gute Folge, daß ihm nichts angelegener war, als die Händel, die vor ihn gebracht wurden, in Güte auszumachen; und so würde die Blödigkeit des guten Philipides ein wahrer Segen gewesen sein, wenn die Wachsamkeit der Advokaten, denen mit seiner Friedfertigkeit übel gedient war, nicht Mittel gefunden hätte, ihre Wirkung in fast allen Fällen zu vereiteln.

Es liegt mit Sicherheit nicht an den Anwälten, wenn der versuchte Vergleich vor Gericht scheitert und damit eine gütliche Einigung

---

23 AnwBl 1984, 280.

vereitelt wird. Es sind die Parteien, die unnachgiebig auf einem ihren Prozeß besiegelnden schriftlichen Bescheid des Gerichts, auf einem Urteil, bestehen. Allerdings dürfen wir unsere Erwartungen an ein gerichtliches Urteil nicht überspannen:

> Ein unzufriedener, mißmutig gewordener Kläger schrie vor Gericht einmal laut aus: »Ich will mein Recht.« Der Richter, völlig überrascht von dem Ansinnen des Klägers, entgegnete: »Geben Sie Ruhe, was soll denn das Geschrei nach dem Recht. Sie kriegen hier ein Urteil.«

Ein Urteil ist in der Tat das einzige, was die Justiz nun noch für uns leisten kann, und nicht mehr, aber auch nicht weniger als eine schriftliche Entscheidung können wir vom Gericht verlangen.
Wir haben gesehen, daß die Anwälte zwar eindringlich auf ihrem Honorar bestehen, andererseits aber an einer langen Prozeßdauer so gut wie nicht interessiert sind. Für Verzögerungen und Hemmnisse bei der Rechtsdurchsetzung haben wir in erster Linie die Uneinsichtigkeit der Parteien und die Schwerfälligkeit der Justiz verantwortlich zu machen. Schließlich müssen wir auch darauf achten, daß wir unseren angestrebten Prozeßgewinn nicht aus den Augen verlieren und uns in aussichtslosen Streitigkeiten, von denen nur Dritte profitieren, nicht zerreiben. Was jedoch im übrigen das finanzielle Fundament und die zeitliche Dimension der Prozeßführung anbelangt, brauchen wir gewiß nicht viel: Ein wenig Geld und ungleich mehr Geduld.

IX. So recht und schlecht – Wie das Urteil gefunden wird

Aus den unterschiedlichsten Gründen ist ein Gerichtsurteil wohl immer für eine Überraschung gut. Diese Erkenntnis entnehmen wir auch einem Hinweis *Ludwig Thomas*:

> Ich habe stets unsere Richter bewundert, weil sie über alle Dinge mit der gleichen Sachkenntnis urteilen und nicht selten gerade das finden, an was niemand dachte.

Aufgrund unserer Prozeßordnungen, die eine geheime Urteilsberatung unter Ausschluß der interessierten Öffentlichkeit vorsehen, ist über den Vorgang der Urteilsfindung ein Schleier des Schweigens gebreitet. Bis zum Schluß gleicht das Ganze einem Lotteriespiel, bei dem wir niemals das Ende voraussehen können:

> *Achille de Harlay* war zur Zeit *Ludwig XIII.* oberster Richter in Frankreich. Wohl aufgrund seiner langjährigen Erfahrung resümierte er einmal: »Sollte mich die Justiz jemals beschuldigen, die Türme von Notre Dame gestohlen zu haben, würde ich vorsorglich zunächst einmal die Flucht ergreifen.«

Obwohl der Ausgang unseres Prozesses nach wie vor völlig offen ist, kann selbst der Anwalt nur noch bedingt auf die Entscheidungsfindung des Gerichtes Einfluß nehmen:

> Ein Anwalt hatte in einem schwierigen Verkehrsunfallprozeß gerade noch einmal das Ergebnis der Beweisaufnahme abwägend zusammengefaßt, und das Gericht wollte sich zur Beratung zurückziehen, als er mit augenzwinkernder Verbeugung noch eine Bemerkung nachschob: »Die Rechtsfrage, die heute zu entscheiden ist, läßt nur zwei Lösungen zu. Der gelehrte Senat hat diese Frage schon zweimal entschieden, das eine Mal in dem einen, das zweite Mal in dem anderen Sinne – und immer bestens.«

Ein solcher dezent angebrachter Hinweis auf die Rechtslage ist regelmäßig das letzte, was der Anwalt für uns und unseren Fall vor der Urteilsverkündung tun kann; andere Methoden der Urteilsbeeinflussung sollten nur in echten Verzweiflungsfällen zur Anwendung gelangen. Von nun an sind die Gerichte mit dem Rechtsfall in der

Welt der Gesetze allein. Dort bewegen sie sich – von Fall zu Fall verschieden – wie ein kleines Schiff im Orkan des Rechts. Nicht immer können sie den sicheren Hafen gesetzlicher Vorschriften anlaufen und manchmal verlieren sie im Sturm und Hagel der Argumente ihren Kurs. Dabei darf jedoch niemals der verbindliche Boden des Gesetzes verlassen werden. Das streng wissenschaftliche Rechtsgefühl wird von allen erfahrenen Richtern beherzigt und garantiert das Zustandekommen wirklich gerechter Urteile. Doch darf man nicht die im Bereich der Rechtsfindung geltende juristische Logik mit der philosophischen Logik verwechseln. Oft vermengt der Richter seine eigene Lebenserfahrung, philosophische Grundsätze, angelernte Rechtssätze, die Bestimmungen der großen Gesetzeswerke, Kommentare und Belegstellen so miteinander, daß das Ergebnis Verwirrung und nicht klares Recht ist. So müssen wir auch den Gerichtsrat *Walter* aus dem »Zerbrochenen Krug« verstehen, wenn er zu dem Dorfrichter *Adam* meint:

> In Eurem Kopf liegt Wissenschaft und Irrtum geknetet, innig wie ein Teig, zusammen.

Das verwundert nicht, denn bei den vielen Gesichtspunkten, die der Richter bei der Urteilsfindung zu berücksichtigen hat, liegt ein Irrtum im Bereich des leicht Möglichen. Sobald er sich in die Regionen anderer, ihm fremder Sachgebiete begibt, unterliegt er der Gefahr, fehlsame Urteile zu sprechen. Auch wenn er sich bemüht, in den Büchern und Kommentaren einen Ausweg aus dieser prekären Situation des Entscheidungszwanges zu finden, ist er selten erfolgreich. Zu hoch sind die Anforderungen, die die umfangreichen Kommentierungen, widerstreitenden wissenschaftlichen Meinungen und Ansichten an ihn stellen. Zu gefährlich sind die rechtlichen Klippen, an denen sein Gedankenschiff leck schlagen kann. In diesem Zustand der Unentschlossenheit wird er zunächst einen Rat des Dorfrichters *Adam* aufgreifen:

> Wenn ich, da das Gesetz im Stich mich lässt, Philosophie zu Hülfe nehmen soll...

Vergebens – auch die Hilfestellung durch die Philosophie kann eine richtige und zutreffende Entscheidung nicht garantieren. Viele Richter haben sich daher in den Jahren der praktischen Erfahrung von den abstrakten Rechtssätzen zusehends gelöst, sie berufen sich auf eine Institution, die zunächst so gar nichts Rechtliches an sich hat:

den gesunden Menschenverstand. Die trockene Beschäftigung mit der Welt der Paragraphen ist einer lebendigeren Betrachtungsweise der Dinge gewichen. Dort befindet sie sich auch im Einklang mit der Ansicht von *Ludwig Thoma*:

> Juristischer Scharfsinn ist in der nüchternen Amtsführung eines Richters selten vonnöten und noch seltener von Nutzen. Aber sehr wertvoll ist die Bodenständigkeit; sie bietet unvergleichlich größere Garantie dafür, daß ein Urteil gerecht wird, als die Kunst der Rabulistik.

Freilich bleiben auch dort die wichtigen gesetzlichen Bestimmungen nicht unbeachtet, denn die bodenständige Rechtsprechung beruht ebenfalls auf rechtlichen Grundregeln, allerdings in einer leicht variierten Form:

> Ein junger, erst wenige Wochen im Dienst befindlicher Richter hatte mit großem Eifer versucht, einer jeden ihm vorgelegten Akte auf den rechtlichen Grund zu gehen. So türmten sich inzwischen in seinem Dienstzimmer die Aktenberge und drohten ihn zu erschlagen. Nur ein schmaler Fluchtweg für Eilsachen zur Zimmertür war noch offen. Der junge Richter war schier am Verzweifeln. Darum suchte er einen alten, vertrauenswürdigen Amtsrichter auf und schilderte ihm seine schlimme Situation: Er wisse einfach nicht mehr, wie er entscheiden solle. Der alte Amtsrichter konnte aus seiner reichen Erfahrung schöpfen und deshalb seinen jungen Kollegen mit folgenden Worten trösten: »Es ist ganz einfach. Entweder es gilt das bayerische Landrecht oder es gilt ein anderes Recht. Wenn das bayerische Landrecht gilt, dann entscheidet man danach und zitiert es. Für den Fall aber, daß das bayerische Landrecht einmal nicht gilt, so entscheidet man auch danach, zitiert es aber nicht.«

Wir erkennen, daß die Forderung nach objektiven, stets besonnenen Richtern bereits vom Ansatz her eine Utopie ist. Die zeitweilige Überlagerung der nüchternen Verstandestätigkeit durch eine bodenständige Weltanschauung wird mithin zu Unrecht kritisiert, sie ist wesentlicher Bestandteil richterlicher Rechtsfindung. Doch der einfache Amts- oder Landrichter fürchtet auch das donnernde Grollen der oberen Instanzen und er steht unter dem ständigen Druck, die in der Rechtssache einzig richtige Entscheidung zu finden. Mancher Richter mag sich wünschen, ein wenig von der gerühmten leichten Hand der Anwälte in Rechtsfragen werde als frischer Wind durch seine Urteile wehen. Selbst bei Anspannung all seiner Kräfte kann der Richter in Situationen kommen, in dem ihm die Entscheidung des Rechtsfalles übermäßig schwer gemacht wird. Alles Grübeln und Nachdenken, alles Nachschlagen in den großen Werken der

Rechtsliteratur hilft dann nicht weiter. Für diese Stunden der Rechtsverzweiflung wußte die Soester Rechtsordnung im 14. Jahrhundert einen weisen Ratschlag:

> Es soll der Richter auf seinem Richterstuhl sitzen als ein griesgrimmender Löwe, den rechten Fuß über den linken schlagen und wann er aus der Sache nicht recht könne urtheilen, soll er dieselbe hundert dreiundzwanzig mal überlegen.

Aber was soll geschehen, wenn diese Überlegungen nicht zu einem Ergebnis führen und der Richter enttäuscht vor dem einhundertvierundzwanzigsten Gedanken steht? Nun – hier versagt auch unsere Rechtsweisheit und wir können nur mit den Worten des Satirikers *Karl Kraus* den Richtern folgenden Rat geben:

> In zweifelhaften Fällen entscheide man sich für das Richtige.

Ein solcher Rat wird zu Recht als dürftig und wenig hilfreich empfunden, aber zu weitergehenden Ratschlägen sind wir ohne weiteres nicht imstande. Wir halten uns daher an die etwas unorthodoxe Methode der Urteilsfindung – wie sie von *Francois Rabelais* geschildert wird –, ohne zu wissen, ob sie heutzutage noch mit Erfolg praktiziert wird. Der Richter Gansling erläutert in einem Gespräch mit dem Vorsitzenden des obersten Gerichtshofes seine unfehlbare Methode:

> Nun, die Urteilswürfel, deren Ihr Herren dieses allerhöchsten Gerichtshofs Euch ja auch bedient. Dasselbe tun die Richter samt und sonders bei der Entscheidung von Prozessen, worin sie dem folgen, daß zur Erledigung von Prozessen und Streitsachen das Los ein vorzügliches, nützliches und untadeliges Mittel ist. Ich mache es, wie es der Judikaturbrauch verlangt, dem sich stets zu fügen die Gesetze uns anbefehlen. Nachdem ich die Klageschrift, die Aufschubsedikte, Vorladungen, Kommissionsberichte, Vorverhandlungen, Beweisstücke, Anführungen, Aussagen pro et contra, Bittgesuche, Tatbestandsaufnahmen, Repliken, Dupliken, Tripliken, Beschwerden, Entschädigungsforderungen, Verteidigungen, Vergleichungen der Zeugenaussagen, Konfrontationsprotokolle, Klaglibelle, Postskripte, Akteneinforderungsbefehle, Ablehnungserklärungen, Begleitschreiben, Rücksendeschreiben, Rechtsgutachten, Einwendungen gegen einstweilige Verfügungen, Bescheide, Fristgewährungen, Zugeständnisse, Subhastationsedikte, kurzum das ganze liebe Zuckerwerk und Gemüse beider Parteien von einem Ende bis zum anderen aufmerksam durchgesehen und wieder durchgesehen, gelesen und wieder gelesen, untersucht und eifrig durchstöbert habe, wie es eines guten Richters Pflicht ist, dann setze ich sämtliche Aktenstöße des Beklagten an einem Ende meines Schreibtisches auf und lasse fürs Erste die Würfel rollen: Wenn

die Rechtsansprüche der Parteien nicht klar sind, soll lieber zugunsten des Beklagten als des Klägers entschieden werden. Dann stapele ich die Akten des Klägers am anderen Ende auf, denn wenn man Gegensätze nebeneinander stellt, werden sie augenfälliger, und tue für ihn gleichfalls einen Wurf.

Die Dunkelheit des zwischen den Parteien strittigen Rechts erkenne ich daran, daß auf der einen wie auf der anderen Seite recht viele Aktenstöße liegen. In solchem Fall nehme ich meine kleinen Würfel zur Hand. Ich habe auch große, bildschöne, richtige Würfel; aber die nehme ich nur dann, wenn die Sache klar ist, will sagen, wenn der Aktenhaufen kleiner ist.

Das Urteil spreche ich zugunsten dessen, der nach dem Ausweis der urteilsprechenden Gerichtswürfel den besten Wurf hat.

Warum ich nicht gleich am ersten Tag ohne viele Umständ nach dem Fall der Würfel entscheide? Wozu nützen all die Schriftstücke und Belege, die in den Aktenstößen aufgehäuft sind? Nun, sie nützen auf dreierlei Weise: Sie sind höchst notwendig, höchst zweckmäßig und der Authentizität halber ganz unentbehrlich. Erstlich verlangt es die Form so, die bei keiner Sache, wenn sie gültig sein soll, verletzt werden darf. Zudem wißt Ihr doch selbst, daß im Gerichtsverfahren das Formelle das Substantielle oftmals völlig aufhebt, denn wenn die Form verändert wird, wird auch das Wesen verändert.

Zweitens verschaffen sie mir eine heilsame und ehrenhafte Übung, weil es in der ganzen Gerichtswelt keine aromatischere, das heißt stärkendere Bewegung gibt, als die Schriftsäcke umzustürzen, in Faszikeln herumzuwühlen, Akten zu rubrizieren, Regale zu füllen, kurzum Prozeßvorarbeiten zu erledigen.

Drittens vermeine ich, daß die Zeit jegliches Ding zur Reife bringt. Deshalb warte ich, zauder' ich, zöger' ich mit dem Urteil, damit der Prozeß gehörig untersucht, wohlgelüftet und durchgesiebt, Zeit habe, reif zu werden, und die verlierende Partei die Entscheidung, wenn sie endlich fällt, sänftlicher ertrage, leichter trägt sich, was man gern trägt.

Wollt man ihn schon anfangs, unreif und grün wie er ist, entscheiden, so würde man Gefahr laufen, Unzuträglichkeiten anzurichten, die nach dem Ausspruch der Ärzte einzutreten pflegen, wenn man ein Geschwür öffnet, bevor es reif ist, oder ein schädlich Gesäft aus dem Körper herauszupurgieren versucht, das sich noch nicht vollständig ausgebildet hat. Steht doch geschrieben: Was Arzneien den Krankheiten, das leisten die Rechte den Händeln. Übrigens lehrt auch die Natur, daß die Früchte nicht eher gepflückt und genossen werden sollen, als bis sie reif sind, und daß man auch die jungen Mädchen nicht eher verheiraten soll, als bis sie reif sind.

Darum warte ich die Zeit ab, bis ein Prozeß reif ist und bis er alle seine Glieder, das heißt Schreibereien und Aktenstöße vollkommen ausgebildet hat. Ein Prozeß, der noch in den Windeln liegt, bedünkt mich unförmig und unvollkommen, einem jungen neugeborenen Bären gleich, der weder Beine, Tatzen, Fell, Haare noch Kopf hat, sondern nichts ist als ein Stück rohes, ungeformtes Fleisch. Das alles muß die Bärenmutter erst aus ihm herauslecken. Gerade so ungegliedert und ungestaltet sehe ich die Prozesse zur Welt kommen. Ein Glied, höchstens zwei ist alles, was sie haben, da sind sie noch recht häßlich, aber sind sie erst hübsch gehäufelt und beträufelt, dann kann man füglich sagen, es formt sich, es gliedert sich. So verschaffen die Gerichtsdiener, Schreiber, Prokuratoren, Advokaten, Untersuchungsrichter, Registratoren, Notare, Aktuare, Assessoren den Prozessen durch starkes und immerwährendes Suzzeln und Saugen an den Geldbeuteln der Parteien Kopf, Füße, Tatzen, Schnabel, Zähne, Venen, Arterien, Muskeln und Lebensgeister, das heißt, Aktenstöße. So machen sie den Prozeß vollkommen, wohlgestalt und noch klarer. Denn ein Pro-zeß nach den Regeln der Kunst ist stets ein Ex-zeß im Anhäufen der Akten. Durch Prozessieren gewinnen die Rechte, durch Prozessieren kommt man zum Recht.

Nach erfolgter Rechtsfindung vernehmen wir die Urteilsverkündung aus dem Mund des Vorsitzenden, der Mühe und Zuversicht, Wankelmut und Verwirrung der Prozeßparteien in einer fast lyrischen Urteilsformel Ausdruck verleiht. *Honoré Daumier* hat diesen forensisch bedeutsamen Augenblick exemplarisch mitgeteilt:

> »Das Gericht erklärt nach Abschluß der Beratung zum Vorteil der erschienenen Partei, zum Nachteil der ausgebliebenen Partei die Verwerfung der Berufung und des Gegenstands der Berufungsklage, verbessert was dies betrifft und ändert berichtigend den nichtigen Urteilsspruch der ersten Instanz, entlastet den Berufungskläger und verurteilt den Berufungsbeklagten in die Kosten des Verfahrens, einschließlich des Honorars zugunsten des Anwaltes Maitre Bizotin, der sie für den Rest des Antrages beantragt hat und sie für seine Mehrbemühung fordert, stellt das Verfahren gegen beide Parteien ein, und entlässt sie weiterhin als Gegner; die Kosten sind gegeneinander aufgehoben.«
> Daraufhin entgegnete eine der Prozeßparteien: »Saperlot, welch ein prächtiger Urteilsspruch, mein Anwalt wird mindestens 75 Franken verlangen, um mir die Sache zu erklären.«

Zu Recht kritisiert diese Begebenheit einen Urteilstenor, den nicht einmal Juristen beim ersten Hören verstehen können. Um wieviel schlimmer steht es da um den – wie *Tucholsky* meinte – »kleinen Mann, der nur deutsch und nicht juristisch kann.« Immerhin sollen diese Urteilssätze die obsiegende Partei einmal in die Lage versetzen, in die Rechtsgüter der Gegenseite mit der Hilfe eines Gerichtsvollziehers vollstrecken zu können. So mancher Richter wird ahnungsvoll wissen, daß seine Urteilsgründe bei der Umsetzung in die Rechtswirklichkeit einen schweren Stand haben werden und bei der Bekanntgabe seiner Urteilsgründe eher vorsichtig und zurückhaltend sein. Ein Bekenntnis des englischen Richters *Lord Mansfield* erläutert hierfür die Gründe:

> Deine Entscheidungen magst Du bekanntgeben, aber niemals Deine

Gründe, denn Deine Entscheidungen mögen zwar richtig sein, Deine Gründe sind mit Sicherheit falsch.

Gewiß gibt es auch Richter, die dem Zwang zur Begründung ihrer Urteile auf eine eher justizkonforme Art nachkommen, indem sie im besten Justizdeutsch den Parteien Rätsel aufgeben. Eine solche Begründung kann dann im schlimmsten Falle lauten:

> Deswegen, weil die, die vom Beklagten, der zudem ein von Amts wegen beachtliches Eingeständnis, das im übrigen, von mehreren gut beleumundeten Zeugen, die unter förmlichem Eid, über dessen strafrechtliche Bedeutung sie ausweislich des Sitzungsprotokolls belehrt worden sind, aussagten, zur Überzeugung des Gerichts hinreichend belegt worden ist, abgab, in die Schuldsache unfreiwillig hineingezogen wurde, an der Entstehung des Klagegrundes nicht nur unmaßgeblich beteiligt war, konnte dem Kläger die geforderte Klagesumme vollumfänglich zugesprochen werden.

Als Pendant zu dieser justizförmigen Eloquenz gibt es den wortkargen, aber deswegen nicht weniger aufschlußreichen Richtertypus, der von detaillierten Gründen nicht sehr viel hält:

> So gab es in einer Kleinstadt einmal einen eigensinnigen Richter, der sich beharrlich weigerte, seine Urteile zu begründen. Auf Nachfragen pflegte er stets zu antworten: »Mein Name steht drunter, das ist ja wohl Begründung genug.« Als er jedoch wiederholt von aufgebrachten Rechtsanwälten angesprochen wurde, änderte er seine Methode und schrieb nur noch auf seine Urteile: »In Sachen pp. ergeht folgendes Urteil: Die Klage wird abgewiesen. Die Gründe überlege ich mir später.«

Nicht immer sind die Richter von einer solch wohltuenden Sprachlosigkeit und häufig genug zeigen sie, zu welchen Rechtstaten sie unter dem Motto »Die Gerichtssprache ist juristisch« fähig sind.
Wir haben gesehen, wie schwer richterliche Urteilsfindung ist und beneiden die Richter nicht um diese Aufgabe. Wir sollten ihnen schließlich auch nachsehen, wenn dem Laien der Urteilsstil ihrer Entscheidungen nicht gerade auf der literarischen Zunge zergeht. Daß man aus diesem Grunde leicht dazu neigt mit der Form auch den Inhalt als unzutreffend abzutun, bedarf an dieser Stelle der Warnung. Das Urteil kann uns ratlos oder glücklich, hoffnungslos oder froh machen, uns in Aufregung versetzen oder beruhigen. Wie immer es ausfällt, wir haben es zunächst einmal hinzunehmen. Was wir daran rütteln können, wenn es etwas zu rütteln gibt, wollen wir in dem nächsten Kapitel sehen.

X. Recht so – oder so – oder anders?
Der gewonnene und doch verlorene Prozeß.
Rechtsmittelbelehrung

Der verlorene Prozeß gibt regelmäßig Anlaß zu Enttäuschung und Verbitterung. Wer sich zuversichtlich auf die Suche nach dem guten Recht begeben hat, wird es kaum verstehen, wenn sein Rechtsbegehren nicht durchgesetzt werden kann. Wie alles, was er nicht mit den Geschicken seiner Hände gestaltet, empfindet er auch die Rechtspflege als reines Glücksspiel. *Julius von Kirchmann*, Staatsanwalt in Berlin, hat 1848 in seinem Vortrag über die »Wertlosigkeit der Jurisprudenz als Wissenschaft« hierzu geschrieben:

> Die Sprache des gemeinen Mannes hat für diesen Zustand bezeichnende Ausdrücke: Fragt man einen Bauern, wie es mit seinem Prozeß stehe, so ist die Antwort: Er schwebt noch; ein vortreffliches Wort für den schleichenden Fortgang der Sache, die völlige Unverständlichkeit derselben für die Partei. Hat der Bauer den Prozeß verloren, so sagt er nicht, daß er Unrecht gehabt, sondern: Ich habe verspielt. Der Verlust des Prozesses und die Verwüstung des Feldes durch Hagelschlag sind ihm Ereignisse ganz gleicher Natur; Unglück, aber kein Unrecht.

Es gibt nun durchaus Fälle, bei denen eine Prozeßpartei vor Gericht Recht erhält, die Folgen des Urteilsausspruchs für die Mandanten aber verheerende Wirkung haben. Wer einmal durch den brennenden Reifen der Justiz gesprungen ist, wird solche »obsiegenden« Urteile kennen, in denen der Rechtsstreit die Substanz, um die er geführt wurde, aufgezehrt hat. Einen solchen Rechtsfall, wo man viel kriegt und nichts erhält, schildert uns *Francois Rabelais*:

> »Wie zum Teufel, kamst Du«, fragte ich, »zu Prozessen, wo Du doch weder Land noch Haus besitzt?« – »Ja schau, lieber Freund,« sagte er, »da plagte zum Beispiel der Höllenteufel die jungen Mädchen der Stadt eine Art Mieder zu erfinden, das den Busen so völlig bedeckte, daß man nicht einmal die Hand darunter stecken konnte, denn der Schlitz war hinten, und vorn war es restlos geschlossen. Das erregte natürlich bei den armen Augenverdrehern und Liebesbedürftigen begreifliches Ärgernis. Also nahm ich mich der Sache an und eines schönen Dienstags reichte ich gegen besagte junge Mädchen eine Klage beim Gerichtshof ein, in welcher ich behauptete, in meinen persönlichen Belangen gekränkt zu sein, und ankündigte, daß, wenn die Justiz nicht einschritte und dem nicht ab-

hülfe, ich mich gezwungen sehen würde, mit gleichem Fug meinen Hosenlatz nach hinten zu verlegen. Sofort erhielten die jungen Mädchen die Anweisung, ihre Sache zu verteidigen und sie setzten ihre Gründe auseinander; aber ich ging ihnen so tapfer zu Leibe, daß der Gerichtshof zuletzt von Rechts wegen verfügte, die hohen Brustlätze dürften nicht mehr getragen werden, wenn sie nicht von vorn mit einem Schlitz versehen wären. Indessen hat mich dieser Prozeß fühlbar schwer ums Geld gebracht.«

Ein gewonnener Rechtsstreit, der soviel Kopfschmerzen bereitet – von dem finanziellen Verlust zu schweigen –, ist nicht besser als jeder verlorene Prozeß. Nicht immer führt die kopflose und engstirnige Rechtsdurchsetzung zum Ziel und nicht immer weicht das Unrecht dem Recht, mitunter macht das Unrecht nur der Dummheit Platz:

Auf einer rauschenden Abendgesellschaft hatte sich ein junger schneidiger, aber beim Tanzen etwas tapsiger Kavallerieoffizier aus Versehen mit seinen Sporen in dem kostbaren Kleid der gastgebenden Gräfin verfangen und den Saum zerrissen. Der Gemahl der Gräfin bestand auf einer sofortigen Entschädigung in Höhe von 1000 Talern für das Kleid. Der junge Offizier wies jedoch die überhöhte Forderung zurück und der Graf ließ ihn umgehend dem zuständigen Friedensrichter vorführen. Im Wege des Eilverfahrens verurteilte jener den Offizier zu der geforderten Schadensersatzsumme, die dieser zähneknirschend zahlte. Doch dann hielt er plötzlich inne und fragte den Richter: »Gehört denn das Kleid jetzt mir?« – »Ja.« – »Sofort?« – Der Richter belehrte den jungen Mann, nach den Regeln des Gesetzes gehöre ihm das Kleid seit Zahlung der 1000 Taler. Noch im selben Moment drehte sich der Offizier um, wandte sich der Gräfin zu und verlangte: »Dann ziehen Sie bitte Ihr Kleid aus.« Nach kurzer Überlegung blieb dem Grafen nichts anderes übrig, als dem Offizier die doppelte Summe zu zahlen, um ihn zu beschwichtigen, daß er von seinem Ansinnen absehe.

Das Recht hat hin und wieder die Angewohnheit, daß man es behalten kann, ohne es zu haben und haben kann, ohne es zu behalten. So manche Prozeßpartei, die den Gegner zuversichtlich vor Gericht zitiert, geht nur in gebückter Haltung durch die Gerichtstür wieder hinaus. Es ist auch hinlänglich bekannt, daß es sich nicht auszahlt, das Recht überlisten zu wollen. Damit ist nicht das wohlüberlegte, paragraphenschlüpfende Unterlaufen des Rechts durch unseren Anwalt gemeint, sondern das unbegründete, mißbräuchliche Inanspruchnehmen der Gerichte. Wer dem Recht am Zeug flicken will, muß gewärtigt sein, daß sich Justitia auf entsprechend fühlbare Weise revanchiert:

Ein Engländer war durch und durch leidenschaftlicher Raucher. Zu diesem Zweck hatte er sich einen Vorrat teuerster Zigarren angelegt und sie zusammen mit anderen Wertgegenständen seines Hauses gegen Feuer versichert. Seine Gattin, als überaus geizig bekannt, wollte ihren Ehemann zu seinem Geburtstag großzügig überraschen. Dazu entnahm sie dem Vorrat ihres Mannes drei Schachteln Zigarren und schenkte sie ihm. Hocherfreut rauchte der Gentleman die Zigarren nach und nach bis auf das letzte Stück. Erst da wurde ihm klar, daß das Geschenk seiner Frau Bestandteil seines Vorrats gewesen war. Folglich nahm er die Versicherungsgesellschaft mit der Begründung in Anspruch, seine Zigarren seien durch Brand vernichtet worden. Angesichts des unklaren Sachverhaltes verweigerte die Versicherung natürlich jegliche Zahlung und der Gentleman war gezwungen, eine gerichtliche Entscheidung herbeizuführen. Die Richter erkannten die Gültigkeit der Police und damit den Rechtsanspruch an und verurteilten die Gesellschaft zur Zahlung der Versicherungssumme. Diese zahlte an den Gentleman den vollen Betrag, erstattete aber gleichzeitig Strafanzeige wegen Versicherungsbetrugs gegen ihn. Nach erfolgter Anklage wurde er wegen vorsätzlicher Brandstiftung zu einem Jahr Gefängnis verurteilt.

Das Recht kann auf eine fatale Weise die ausgleichende Wirkung haben, daß man heute obsiegt und morgen in vollem Umfang unterliegt. Wenn Unrecht und Recht so nahe beieinander liegen, ist es fast besser, wenn man einen Prozeß anstatt ihn zu gewinnen, verliert. Unter diesem Blickwinkel kann die Suche nach dem guten Recht durchaus mit einem verlorenen Prozeß erfolgreich enden. *Kurt Tucholsky* hat diese paradoxe Situation zutreffend eingeschätzt, als er meinte:

Rechtlich ist das sicher falsch, juristisch ebenso sicher in Ordnung.

Der gewonnene Rechtsstreit ist jedoch nicht der forensische Regelfall, meistens geht der Prozeß nämlich wirklich verloren. Um so schwerer wird es dem Anwalt fallen, uns vom gerechten Ausgang des Prozesses zu überzeugen. Wir müssen uns vor allem hüten, ihm ungerechtfertigte Vorwürfe zu machen, denn nicht immer sind die Gründe für die Prozeßniederlage in der rechtlichen Unfähigkeit des Anwalts zu suchen. Daher halten sich enttäuschte Prozeßparteien mit ihrer Kritik in erster Linie an die Richter:

Ein reicher Kaufmann hatte einen Prozeß gegen einen armen Bauern in vollem Umfang gewonnen. Als die Nachbarn das arme Bäuerlein neckten, daß er vor Gericht unterlegen sei, antwortete er gelassen: »Ja, wie kann es denn auch anders kommen, wenn man mit hundert Richtern zu tun hat.« Die Nachbarn waren erstaunt und fragten, wie er denn auf hundert Richter komme, die Kammer habe doch nur aus drei Richtern bestanden. Mit einem kleinen verschmitzten Lächeln gab der Bauer die Antwort: »Na, ein Vorsitzender und zwei Nullen, wieviel gibt das?«

Für die im Prozeß unterlegene Partei ist die Waage der Themis nachhaltig aus dem Gleichgewicht gebracht und man muß verbittert erkennen, daß sie nicht immer nach den Gesetzen der Schwerkraft arbeitet. Niedergeschlagen und enttäuscht kann man auch nur der Auffassung von *Karl Julius Weber* zustimmen:

> Ich kenne keine widrigeren Empfindungen und keine verdammtere Lage als die eines ehrlichen, geraden und dabei reizbaren Mannes im Kampf mit einem herzlosen, boshaften, ganz demoralisierten Schuft, der Geist und Kenntnissen die eiserne Stirne der Unverschämtheit verbindet, alle Schleichwege des Gesetzes und der Schikane auswendig weiß und, des Suum cuique spottend, eine Wetzlarer Polterkammer zum sichern Rückenhalt, ihm ins Gesicht lacht.

In dieser Situation ist der Rechtssuchende wieder auf der untersten Sprosse der Leiter in den Himmel der Gerechtigkeit angelangt, kaum etwas kann ihm die Zuversicht und das Vertrauen in die Justiz zurückbringen und er stimmt ein in die Kritik des Dichterjuristen *Viktor von Scheffel*:

> Ward in euren Pergamenten
> je ein Segenskeim gehegt?
> Paragraphen, Kommentare
> habt zusammen ihr geflickt.
> Bis das Recht, das ewig Wahre,
> in der Tinte lag erstickt.

Nach einer verbreiteten, wohl auch nicht ganz unzutreffenden Ansicht sind die Prozessierenden aber die an ihrem Schicksal allein Schuldigen. Der Wiener Hofprediger *Abraham Sancta Clara* hielt den Prozeßparteien denn auch den entlarvenden Spiegel des Spottes in seiner Schrift »Hundert Ausbündige Narren« vor:

> Die Proceß-Narren haben sehr viel Laster an sich / welche man wol Narren tituliren darf / weilen sie nicht nachlassen um das Ihrige zu streiten / sondern dadurch noch mehr um dasselbige zu kommen sich Tag und Nacht bemühen. Mancher vermeint er müsse sein Sach mit Recht ausführen; und wann einmahl dergleichen Idiot und interessierter Loth sich mit gescheiden Leuthen / das ist / mit Doctoribus und Advocaten veranlasset hat / um ihme sein Recht ausführen zu helffen / da wäre es besser / wann er per 1000 Thaler Proceß, 500 Taler als die Helffte annehmete / und die anderen fahren ließe / thut er das nicht / so verliehrt er neben seinen müheseeligen Gängen / Wachen / Sorgen / Schwitzen und Aufwarthen

noch mehr / ja offtermahls den ganzen Proceß. Und wann man einen solchen Ignoranten auch brüderlich und vätterlich wahrnet / so ist es alles umsonst / und heist: in drey Wochen gehet mein Proceß zum End / der offtermahls noch drey Jahre wehret / und kan hierinfalls dem Herrn Advocaten niemand im geringsten kein Schuld geben / dann sie hierzu gemüssiget und gebetten; Prodediren und Spilen ist fast eins / bey welchen beeden man bald gewinnt / bald verliehret.

Stets hat die jahrhundertelange Erfahrung der prozeßführenden Menschheit diejenigen, die einen Rechtsstreit verloren haben, als geknickte, gebeutelte, gezeichnete Menschen angesehen. In der Stadt Bretten stand beispielsweise vor der Kirche die Skulptur eines Hündchens ohne Schwanz, und der Volksmund sagt von dem, der einen Prozeß verloren hat:

Er kommt daher, wie das Hündlein von Bretten.

Der Mandant ist aber bis hierher durch die Wechselbäder eines langen Prozesses gegangen – das muß man ihm nachsehen – und braucht, anstatt Mitleid, aufmunternde Zuversicht. Dabei hat der Anwalt seine Worte vorsichtig abzuwägen, denn enttäuschte Hoffnung ist erfahrungsgemäß ein schlechter Nährboden für die Weiterführung des Rechtsstreites. So wird der Anwalt seinen Mandanten am besten mit den Worten trösten:

Wir haben zwar den Prozess in zwei Instanzen verloren, aber dies ist ein gutes Anzeichen. Die prozessuale Erfahrung lehrt, daß beim dritten Mal regelmäßig der andere Teil gewinnt.

Damit ist die Frage nach der Einlegung von Rechtsmitteln in einem verlorenen Rechtsstreit gestellt und muß – im Sinne der Vollständigkeit unserer Betrachtungen – beantwortet werden. Die hohe prozessuale Bedeutung der Rechtsmittel hat auch der Dichter *Jean Paul* erkannt:

Niemals ist ein Prozeß leichter zu gewinnen, als wenn man ihn verloren hat; denn man appellieret. Nach der Abtragung der in- und außergerichtlichen Kosten und nach der Ablösung der Akten bieten die Gesetze das Beneficium appellationis (Wohltat der Berufung an einen höhern Richter) jedem an, wiewohl bei dieser Benefizkomödie und Rechtswohltat noch andere, außergerichtliche Wohltaten nötig sind, um von der gerichtlichen Gebrauch zu machen.

Die Möglichkeit der Einlegung von Rechtsmitteln ist allgemein anerkannt, wird jedoch von den Prozeßparteien meist falsch eingeschätzt:

> Ein mehrmonatiger, schwieriger Prozeß war nach ausführlichen Erörterungen und Beweisaufnahmen schließlich doch zu Ende gegangen. Glücklich berichtete der Anwalt seinem Mandanten, er habe den Prozeß gewonnen. Daraufhin bat der Mandant, gegen das Urteil Revision einzulegen. Auf die erstaunte Frage seines Anwalts, warum er das tun wolle, er habe doch in vollem Umfang obsiegt, antwortete der Mandant: »Der Bundesgerichtshof soll auch wissen, daß ich Recht habe.«

Es hat fast den Anschein, als habe der Mandant Lust am weiteren Prozessieren. Aber er will wie alle anderen Beteiligten nur das Ende der gerichtlichen Auseinandersetzung, dabei jedoch deutlich machen, daß das Gericht, trotz all seiner Bemühungen, die Gerechtigkeit falsch verteilt hat. Das gute Recht ist es, das ihn auf den Plan gerufen hat und er kann keine groben Unbilligkeiten und himmelschreienden Ungerechtigkeiten kampflos hinnehmen:

> In einem Erbschaftsprozeß, der sich nur um geringe materielle Güter drehte, hatte der Richter gerade das Urteil verkündet, als der im Prozeß unterlegene Kläger ausrief: »Ich fordere Gerechtigkeit!« Der Richter, leicht irritiert, erwog zunächst sitzungspolizeiliche Maßnahmen gegen den Kläger, sah aber davon ab und antwortete: »Vergessen Sie nicht, daß Sie hier vor einem Gericht stehen.«

Die bitteren Erfahrungen mit der Blindheit der Justitia enden allerdings auch nicht in den Rechtsmittelinstanzen. Es gibt – juristisch gesehen – keinen Fall, der so schlecht wäre, daß er nicht noch weiter verloren werden könnte, keine Hoffnung, die so gering ist, daß sie nicht noch weiter enttäuscht werden könnte. Der Mandant muß daher wissen, daß in den seltensten Fällen die Gerichtssenate die Urteile ihrer Vorderrichter abweichend korrigieren oder gar aufheben. Die Einlegung von Rechtsmitteln muß deswegen mit zurückhaltender Skepsis betrachtet werden. Nichts desto Trotz steigen mit unserem zunehmenden juristischen Enthusiasmus sowohl das Honorar des Anwalts als auch das Volumen der Aktenbände. So ist es nicht selten richtig, die Bedeutung einer Rechtsmittelsache nach deren äußerem Gewicht und Anschein zu beurteilen. Erfahrene Rechtsmitteljuristen sind so in der Lage, alleine aufgrund der Fülle der Aktenbündel, Inhalt und Ausmaß der Sache sowie deren Erfolgsaussichten zu erkennen. Über das sichere Auge erfahrener Juristen verfügt der Laie nicht. Zu der rechten Beurteilung der Erfolgschancen eines Rechtsmittels gehört doch etwas mehr als ein grobes Augenmaß. So werden wir unweigerlich Schiffbruch erleiden, wenn wir alleine auf den äußeren Umfang der Sache vertrauend, uns in der Illusion eines sicheren Prozeßsieges wähnen. Warum das so ist, zeigt uns *Johann Peter Hebel* in seiner Geschichte »Reise nach Frankfurt«:

> Zu ehemaligen Reichszeiten bestand auch ein großes Reichskammergericht zu Wetzlar, welches noch manchem geneigten Leser in teuerem und werten Andenken sein kann, wenigstens in teuerem. Viel weltberühmte Rechtsgelehrte, Advokaten und Schreiber saßen dort von Rechts wegen beisammen. Wer daheim einen großen Prozess verloren hatte, an dem nichts mehr zu sieden und zu braten war, konnte ihn in Wetzlar noch einmal anbrühen lassen und noch einmal verlieren. Mancher hessische, württembergische und badische Batzen ist dort hingewandelt und hat den Heimweg nimmer gefunden.
>
> Als aber im Jahr 1806 der große Schlag auf das deutsche Reich geschah, stürzte auch das Reichskammergericht zusammen und alle Prozesse, die darin lagen, wurden totgeschlagen, mausetot, und keiner gab mehr ein Zeichen von sich, ausgenommen im Jahr 1817 in Gera in Sachsenland hat einer wieder gezuckt.
>
> Ein Leinwandweber daselbst liest in der Dresdner Zeitung, daß der Bundestag in Frankfurt sich mit dem Unterhalt der Angehörigen des Reichskammergerichts lebhaft beschäftige. Auf dem Speicher des Leinewebers aber fing es auf einmal an, in den Akten zu rauschen, fast wie in den Totenbeinen, von welchen der Prophet Ezechiel schreibt. Der Leineweber glaubte nämlich nichts anderes, als das Reichskammergericht habe nur einen neuen Rock angezogen und heiße nun Bundestag, und der Bundestag habe nichts wichtigeres zu tun, als die alten Prozesse, wenigstens seinen, wieder anzuzetteln. Also ließ er sich einen guten Pass nach Frankfurt schreiben, und mit Akten schwer beladen trat er die lange Reise an. In Frankfurt pochte ihm das Herz hoch vor Freuden, daß er nun an dem Ziele seiner Reise sei und so nah an seiner Geldquelle, die er jetzt nur anbohren dürfe, und als er an die Bundeskanzlei kam, gleich in der vordersten Stube, wo die Herren sitzen, die am schönsten schreiben können, grüßte er sie freundlich und vertraut. Einer von den Herren, der vornehmste von ihnen, nimmt die Feder aus dem Mund und legt sie auf den Tisch.
>
> »Was habt Ihr hier zu schaffen«, sagte er, »was bringt Ihr neues Viereckiges in Eurem Hangkorb? Eine Bundeslade? Es fehlt uns noch eine.«
>
> »Spaß«, erwiderte der Weber, »meinen Prozeß von anno eintausendsiebenhundertsiebenundsechzig.«
>
> Es ist nun mehr nichts weiter an der Sache zu erzählen. Natürlich nahm sich niemand seines Prozesses an, weil der Bundestag sich mit Prozessen nicht gemein macht, und die lange beschwerliche Reise war umsonst getan. Der beste Prozeß ist ein schlechter, und auf dem Lager bessert er sich nicht. »Und nun, geliebte Akten, die ich jetzt hier ablege, gehabt Euch wohl und seid dem Mann empfohlen, der Euch finden und vielleicht glücklicher mit Euch sein wird als ich.«

> Indem er aber die Akten absetzen wollte, klopft ihm von hinten her ein Mann auf die Achsel, der auch desselben Wegs ging. »Guter Freund«, sagte er, »mit wem redet Ihr da so allein?« – »Mit niemand«, erwiderte der Weber, »wenn Ihr mir aber meinen Prozeß abkaufen wollt, mit Euch. Lupft ihn einmal. Was gebt Ihr mir dafür?« Der Mann sagte: »Anderthalb Pfund für das Pfund, wenn das Papier daran gut ist.«
> Also verkaufte er dem Gewürzhändler die Akten für einen Gulden vierundzwanzig Kreuzer, die vollends zum Rest der Reise hinreichten, und kam mit leerem Korb und Beutel wieder in der Heimat an.

Alle Anstrengungen, die wir im Verlaufe des Instanzenzuges unternehmen, sind keine Garantie für den erfolgreichen Ausgang des Rechtsstreits. Die Chancen, doch noch einen Prozeßsieg zu erringen, sind im Hinblick auf die Statistiken der Justiz denkbar ungünstig. Aber Vorsicht – es besteht kein Grund zu resigniertem Rückzug. Unentwegte Anstrengungen und stetes Bemühen um die Gerechtigkeit können das Blatt zu unseren Gunsten wenden. In einer verschwindend geringen Zahl von Fällen können wir eine todsichere Prognose für den Prozeßsieg in der Rechtsmittelinstanz wagen. Während der Berufungsrichter noch in einfach gelagerten Streitigkeiten, bei denen nur die gerichtliche Erregtheit der Parteien Grund für die Einlegung von Rechtsmitteln ist, diese ruhigen Herzens zurückweisen kann, gibt es doch Urteile seiner Vorderrichter, die er aufheben muß. Immer dann, wenn die Besonderheiten des alltäglichen Lebens verkannt werden, wenn die Rechtssätze in die Unverständlichkeit getrieben werden, muß Einhalt geboten werden; dort, wo der Vorderrichter dem Recht prozessuale Prellungen zufügt, kann er nicht mehr auf das Verständnis seiner Kollegen rechnen. Ein solcher Fall wird uns in einer der zahlreichen Anekdoten um *Friedrich den Großen* vorgeführt:

> In der Nähe von Potsdam veranstalteten einige Herren vom Hofe Friedrichs des Großen eine Hasenjagd und hetzten einen Hasen vor sich her, der sich in den Garten des ansässigen Pfarrers flüchtete und hilfesuchend unter den Röcken der Frau Pfarrerin verkroch. Noch ehe die Jäger bei dem Garten angelangt und von ihren Pferden gesprungen waren, hatte der Pfarrer den Hasen bereits hervorgezerrt, getötet und in die Küche gebracht. Die Jäger waren erbost und verlangten den Hasen heraus, der Pfarrer weigerte sich jedoch. So brachten sie eine Klage beim Konsistorium ein, und die Entscheidung lautete darauf, daß der Pfarrer fünfzehn Taler Geldstrafe zu zahlen hatte. Dieser war sich jedoch keiner Schuld bewußt und legte Beschwerde gegen die Entscheidung bei Friedrich dem Großen ein. Bereits nach oberflächlicher Prüfung erkannte der König, daß die Richter hier in außerordentlicher Weise gefehlt hatten. Er kam folglich nicht umhin, in einer Marginalnote zu erklären: »Das Konsisto-

rium seindt Esels, bei der Frau Pfarrerin obliegt nur dem Pfarrer das Jagdrecht.«

Nur in ähnlich wie diesem gelagerten Fällen ist die Prognose für den Ausgang des Rechtsmittelverfahrens eindeutig, in allen übrigen ist der Ausgang leider nicht vorhersehbar.

Wir haben gesehen, daß es manchmal keinen Unterschied macht, ob wir einen Prozeß gewinnen oder verlieren, ferner, daß die Gerechtigkeit auch nur eine variable Unbekannte ist und, daß die Rechtsmittel meist nur vage Aussichten auf einen endgültigen Prozeßsieg bieten. Aber trotzdem haben wir auch erfahren, daß eine geringe Zahl von Rechtsstreitigkeiten den Prozeßgewinn buchstäblich von Anfang an in sich trägt. Es steht selbstverständlich außer Frage, daß unser Prozeß in die letztere Kategorie gehört.

XI. Alles was Recht ist und wie man dazu kommt. Über die Gerechtigkeit

Nicht alles, was mit Aufwand und großer Hingabe betrieben wird, muß deswegen schon erfolgreich sein. Auch unser Prozeß bietet keine Gewähr für seinen erfolgreichen Ausgang. Aber seien wir ehrlich, nur der gewonnene Prozeß ist für uns Ausdruck wirklicher Gerechtigkeit. Ein sicheres Versprechen, stets an dem großen Kuchen der Gerechtigkeit mitessen zu dürfen, kann uns jedoch nicht gegeben werden. Die Gleichsetzung von Recht und Gerechtigkeit ist eines der nachhaltigsten Mißverständnisse im Bereich der Justiz und Gerechtigkeit eine teilbare Größe, von der wir immer nur einen Bruchteil beanspruchen können, wie das *Bundesverfassungsgericht*[24] in einem Beschluß aus dem Jahre 1980 bestätigt:

> Denn im Bereich des Normvollzugs ist die Gleichheit der Rechtsanwendung die Seele der Gerechtigkeit. Und dies seit den Anfängen unseres Rechtsdenkens (vgl. 3 Mose 19,15).

Und so liegt es auf der Hand, daß uns selbst einmal abverlangt werden kann, was wir lautstark fordern: Gerechtigkeit. In diese Erschütterung unseres Rechtsbewußtseins mischt sich leise die Forderung, auch einmal großzügig auf die Durchsetzung eines vermeintlichen Rechtes zu verzichten. Aber – Hand aufs Herz – wer ist schon bereit, auf Unverzichtbares zu verzichten. So gesehen wird die Gerechtigkeit zu jener »phlegmatischen Leidenschaft«, von der *Thomas Mann* sprach, und die Bemerkung von *Wilhelm Busch* macht uns nun doch nachdenklich, wenn er meint:

> Wer der Gerechtigkeit folgen will durch Dick und Dünn, muß lange Stiefel haben. Habt Ihr welche? Habe ich welche? Ach, meine Lieben! Lasset uns mit den Köpfen schütteln.

Unter diesem Blickwinkel wird die Gerechtigkeit zwangsläufig zu einem unerschwinglichen Luxusgegenstand. Aber wir dürfen nicht unberücksichtigt lassen, daß in der Justiz auch mit den Methoden des Zufalls gearbeitet wird, wie wir den Ausführungen des *Piero Calamandrei* entnehmen:

---

24 *BVerfGE* 54, 277 (296).

Stellte man eine Wahrscheinlichkeitsrechnung auf, so würde man sehen, daß die Hälfte der Urteile ungerecht ist und folglich fünfzig Prozent aller Verurteilten unschuldig im Gefängnis sitzen. Jene, die frei herumlaufen, die für unschuldig erklärten fünfzig Prozent, sind in Wirklichkeit schuldig und müßten im Gefängnis sitzen. Über einzelne Fälle darf man sich nicht aufregen. Das Phänomen des Justizirrtums muß im großen betrachtet werden. Spätestens dann sieht man, daß sich nach der Statistik die Irrtümer gegenseitig kompensieren.

Gerechtigkeit ist also nicht nur jene moralische Größe, die wir mit anderen Rechtssuchenden teilen müssen, sondern auch ein von Zufälligkeiten äußerst abhängiges Lotteriespiel. Gemessen an anderen riskanten Unternehmungen, die wir im Verlauf des Lebens angehen, stehen die Chancen bei diesem Spiel mit fünfzig zu fünfzig noch nicht einmal schlecht. Erfahrungsgemäß erhöhen sich die Gewinnchancen bei derartigen Lotterien mit zunehmendem Einsatz. Die Chance eines Prozeßsieges ist folglich dann am größten, wenn wir möglichst viele Prozesse führen. Insoweit brauchen wir auch für die Justiz-Lotterie nur – wie für so vieles im Leben – eine gehörige Portion Glück.
Sollte dennoch wider Erwarten alles schiefgehen und der Prozeßsieg ausbleiben, so muß man sich mit den Worten *Rudolf von Iherings* trösten:

> Es ist nun einmal so eingerichtet in der Welt, daß die Juristen und die Ärzte die Erfahrungen machen, die Parteien und die Patienten sie bezahlen. Damit muß man sich trösten, es kommt der Menschheit und der Wissenschaft zugute.

Aber dies ist – zum Glück – nicht gerade der häufigste Fall bei Streitigkeiten vor Gericht. Überwiegend müssen wir von nun ab mit dem Ernstfall und damit dem gewonnenen Prozeß rechnen. Nicht immer beschreiten wir auf der Suche nach dem guten Recht leicht gangbare Wege und oftmals stehen wir vor großen Hindernissen. Aber nach dem Studium der hier zusammengetragenen Rechtsfälle können wir uns hoffentlich vertrauter und kenntnisreicher auf das glatte Parkett der Justiz begeben. Zu zeigen, wie man einen Prozeß gewinnt, war das erklärte Ziel dieser Betrachtungen, und im Ergebnis können wir jedenfalls feststellen: Um einen Prozeß zu gewinnen braucht man keine Zauberei und keine Geheimwissenschaft, weder ein Orakel noch gar ein besonderes Talent. Alles was man braucht, sind im Grunde sieben Dinge:

Einen guten Fall,
einen guten Anwalt,
einen guten Richter,
zwei gute Zeugen,

viel Geld,
viel Geduld,
und viel Glück!

Zur Person des Verfassers

Volker Wagner, Assessor, geboren 1954 im Mittelhessischen, Studium der Rechtswissenschaft an den Universitäten Gießen und Berlin, unterbrochen von Studienaufenthalten in den USA. Nach Referendarzeit und zweitem Staatsexamen anwaltliche Tätigkeit; seit 1984 wissenschaftlicher Assistent am Lehrstuhl für Bürgerliches Recht, Arbeits- und Wirtschaftsrecht, Zivilprozeßrecht der Universität Gießen.

In der gleichen Reihe sind bisher erschienen:

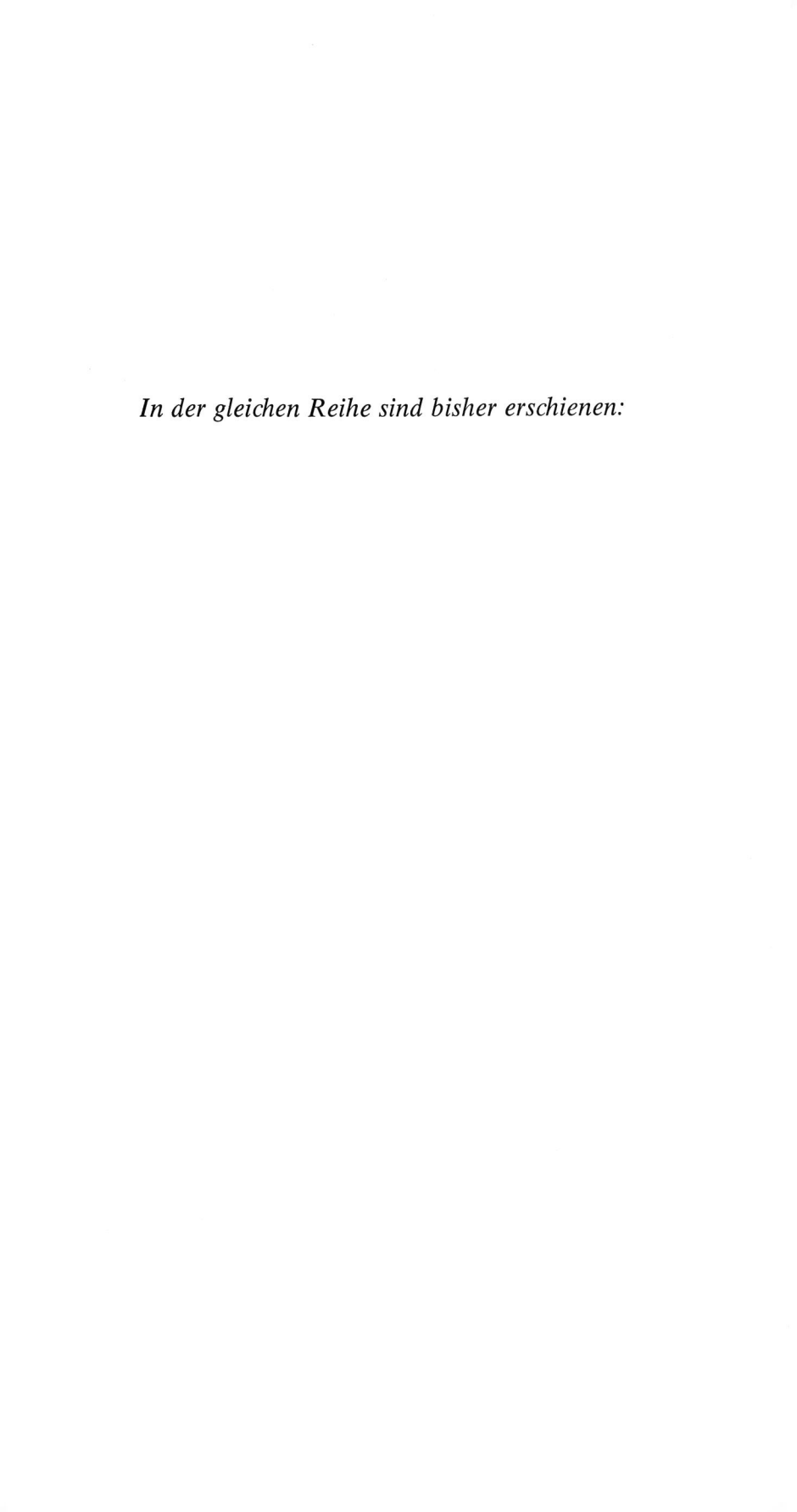

Meinhard Heinze
Der ungeliebte Jurist

Bilder von Bernd Burkhard

◆ Nomos Verlagsgesellschaft
Baden-Baden

1981, 133 S., engl. Broschur, 19,– DM
ISBN 3–7890–0728–5

Adriaan Pitlo
Der Floh im Recht

und andere Curiosa
aus alter Rechtsliteratur

Nomos Verlagsgesellschaft
Baden-Baden

1982, 152 S., engl. Broschur, 19,– DM
ISBN 3-7890-0825-7

Jan von Treskow
Beamtenmärchen

Nomos Verlagsgesellschaft
Baden-Baden

1982, 113 S., engl. Broschur, 19,– DM
ISBN 3–7890–0829–X

Peter Häberle

Das Grundgesetz der Literaten

Der Verfassungsstaat im (Zerr?) Spiegel der Schönen Literatur

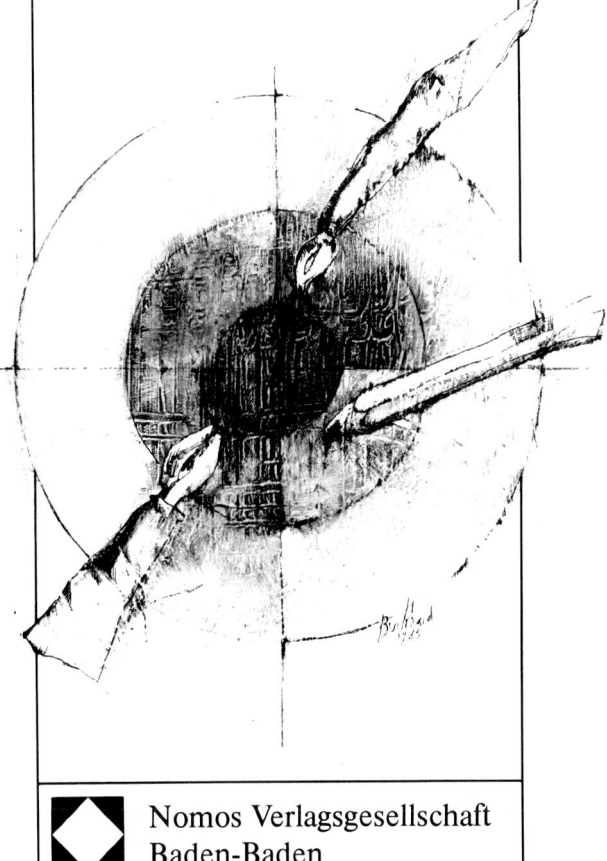

Nomos Verlagsgesellschaft
Baden-Baden

1983, 117 S., engl. Broschur, 19,– DM
ISBN 3-7890-0876-1

Rudolf Gerhardt
Von Mensch zu Mensch

Begegnungen mit Juristen
und anderen Zeitgenossen

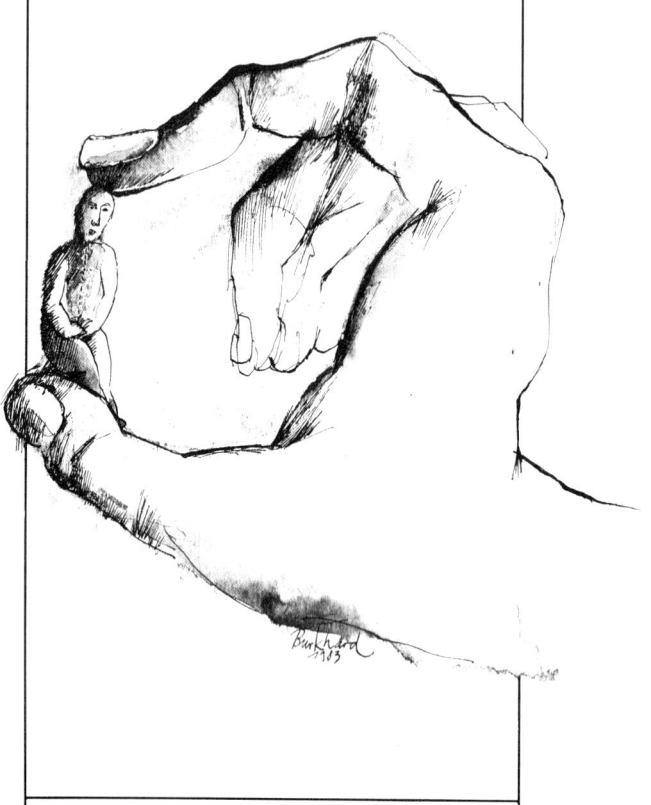

Nomos Verlagsgesellschaft
Baden-Baden

1983, 183 S., engl. Broschur, 19,– DM
ISBN 3–7890–0877–X